JN120207

インフォメーション・アナリシス5&5

Information Analysis 5 & 5

世界が変わる学びの革命

關谷 武司［編］

関西学院大学出版会

インフォメーション・アナリシス 5&5

世界が変わる学びの革命

關谷武司 編

関西学院大学出版会

編者の第一声

関西学院大学国際学部
教授　關 谷 武 司

教育学者が「情報」について語るのは実におこがましい。その自覚は重々あります。しかし、知識基盤社会と言われる現在において、長らく教育テリトリーの主役であった「知識（情報）」は、「身につけるもの」から「利用するもの」へと認識が変わってきました（このあたりの詳しいことは最終章をご参照ください）。

つまり、「知識」も「情報」の一部と見なされる時代に入ったのです。

人間が文字を持たなかった時代は随分長く続いたと言われています。

その頃の「知（知識）」は個人の経験をベースにしたものであり、あくまで一個体にとどまります。家族や仲間内程度なら伝えられますが、大きな集団に伝播させることは容易ではなかったでしょう。それを世代を超えて蓄積させるとなると、物語にするなどの工夫をしない限り、いとも簡単に消失したり、内容が置き換わったりしてしまう（だから、昔から伝わる物語や神話などが生まれたのでしょうか）。

でも、人間は絵を描いて表現することを覚えます。世界各地に残る洞窟壁画などがそうですね。そして、さらには象形文字が作られるようになり、現在まで続くようなさまざまな文字が現れてきます。

この時を境に人類は「知（知識）」を伝え、時間を超えて蓄えることができるようになる。

そのことで生活水準は一気に高くなったのではないか。

そして、「文明」と呼ばれるものを作り出せるようになる。

それでも相変わらず、得られた「知」を、蓄えられた「知」を、効率よく広く普及させることは容易ではなかったでしょう。

それを実現したのは、印刷術の発明。

人は昔から利己的で、嘘もついてきたのでしょうが、多くの人間に情報を伝えることで人々の意識を操作し、社会的な力を手にすることを理解したのはこの頃からではないのでしょうか。

つまり、「知（知識）」が「情報」に置き換えられるようになってきたきっかけの時。

しかし、まだ「知（知識）」・「情報」の伝達威力を十分に発揮できたわけではない。

なぜなら、識字教育が一般化していたわけではなかったから（ここで、ようやく教育学者の領域に近づいてきました）。

情報の普及に革命が起きたのは20世紀初頭のラジオ放送でしょうか。

この威力は大きかったと思います。

それまでとは比較にならない数の人間に、しかも離れたところまで情報が届くようになります。読み書きのできない人にも情報が伝わりました。

そして、テレビの登場（本当はそれら以前に映画があるのですが）。

1935年にドイツで行われたベルリンオリンピックのテレビ中継は大きなインパクトがあったようです。

映像の力は音声の比ではない。

「絵→文字→音声→映像」

このように情報の媒体が進化してきました。

ここにさらなる革命が加わったのが、誰でも情報発信が可能となったインターネット社会の出現です。一般の大衆にとって、「情報」とは与えられるだけのものから、メディアと並んで自ら発信できる環境が出現しました。

「人は社会的動物」と言ったのはアリストテレスだったでしょうか。

社会にどんどん情報が行き渡るようになり、私たちは自由に情報を受け取り、発信もできるようになりました。それで、私たちは幸せになったでしょうか。

現代を生きる我々日本人は、民主主義こそが最高の社会システムと信じているのでしょうが、国民の一人ひとりが自分で判断し、政治参画する民主主義には、重要な前提があります。

それは、ありのままの情報が手に入ること。そして、自分自身でその情報を理解し、判断できること。

実は、これが簡単なことではないのです。

人類は世界大戦を二度も経験しましたが、そこでの情報戦は凄まじかった（モレリ 2015）。

その悪影響は、第二次世界大戦後 75 年を経た今でも政治問題として尾を引いています。国同士で憎み合い、貶め合っているのは、東アジアの一角だけの話じゃない（そのことを知らないのは日本人だけかもしれないけど）。

現在の我々は清水ではなく、濁流のような情報洪水の中に溺れていると言っても過言ではありません。

メディアはありのままの情報を伝えない。彼らの伝えたいことを伝えてくる。

情報をわかりやすく解説してくれているはずの評論家やコメンテーターも、自分の価値観で情報に色づけする。バラエティのゲストたちの発言の多くは無責任。

まったくもっておお節介な話です。

それを意図を持ってやるんだから、聞かされる方はたまったもんではない。

とても、まともな民主主義など実現できようはずがない。

政治がらみだけじゃない。

「今年の流行色は赤です」って、アパレル産業のどっかのメーカーが勝手に決めちゃうわけ？

「このサプリで美肌になる」とか、「関節痛はこれで治る」とか、「飲むだけでフサフサです」とか。

昔の人には無縁だった、情報で悩まされている人が多くないでしょうか。

今を生きる私たちにとって、これからの未来を生きていく人にとって、自分で直接体験した一次情報以外のすべての二次情報には、意図的か否かはわからないが、必ずバイアスがかかっていることを認識することは重要でしょう。

動機もないのに情報を発信する人はいない。

自分自身で、「真実はこのあたりにあるのかな」と、手にした情報の分析と統合判断ができることは必須です。そうしないと、知らないうちに誰かの手のひらの上で踊らされることになる。

「そんなことは、昔から言われてきた」

「テレビだってヤラセがある」

「新聞も間違ったことを書いていることがある」

「教科書だって怪しい」

そう言うわりに、それでもそれらを信じちゃうのが日本人ではないでしょうか。

それは、どうすれば自分の頭で判断できるかを誰も教えてくれなかったし、自分で考えようとしてこなかったからです。

私たちは、このことに大学の授業として取り組んでいます。

その理由は最終章に示しました。

さらに、高校生ともこの学びの実践をやってみました。

その結果、彼らの情報の見方は劇的に変わりました。受動的であったこれまでの学びの姿勢も能動的・探求的に変化しました。

効果は抜群でした。

21 世紀の今、まもなく Society 5.0 に突入するというこの時、いかに情報（知識）を分析するのかが求められています。

その方法が、この「Information Analysis 5&5」（以下、IA5&5）です。

さて、本文ですが、各章の流れは次のようになっています。

第 1 章は、ノートルダム女学院高等学校グローバル英語コースの 2 年生を大学へ招き、初めて IA5&5 を実施した時の様子をビビッドに綴っています。

第 2 章は、2020 年初頭から世界を震撼させている新型コロナウイルスにまつわる事例を引用しながら、情報を分析する必要性について詳しく説明します。

第3章は、情報が歪む可能性について具体例を挙げながら解説した上で、IA5&5の実施方法を提示しています。

第4章は、実際の授業例を集中演習形式の第1ラウンド、完全反転学習形式の第2ラウンド、そして情報の発信者側の体験を試みる第3ラウンドに分けてわかりやすく解説します。

第5章は、IA5&5の特徴の一つである多重評価によって、学習者の理解促進を図る仕組みを詳説します。すべての学習者をアクティブに学ばせる秘訣です。

第6章は、実際にやってみたい方に向けて、実施上の重要ポイントを具体的なガイドラインとして示します。

最後の第7章は、来るべき知識基盤社会における学習ツールとしてのIA5&5の価値について論述しています。

ぜひ、実践してみてくださることを願っています。

〈参考文献一覧〉

アンヌ・モレリ, 2015,『戦争プロパガンダ10の法則』永田千奈訳, 草思社.

はじめに
真の高大連携教育から見えてきたもの

学校法人ノートルダム女学院
学院長　栗 本 嘉 子

「国際情報分析」合宿でのある風景

寝食を忘れたかのように没頭して話し合う声が夜の廊下に響く。それぞれの課題を探求しているグループの、それぞれのメンバーたちから疲れを知らない声が弾んでいる。「20億円もかけて作ったミサイルの究極の目的は一体何だったのかな？　私、わからなくなってきた……」「ロシアとアメリカがどう動いた？」「アラブの春からシリア内戦へ発展していくんやけど、いろんな国の利害関係がもっと知りたい、すごく絡んでいるはず！」「そうそう！」「慰安婦の問題は、日韓両国だけでなく、世界の視点から捉えてみる方がよくない？」「つながってきた、つながってきた！　これで読めてきた、このフレーズの本当の意味！」「『世界からテロがなくなるのはいつのことか』って、このタイトルちょっと漠然過ぎるかな？」などなど、本校の高校生である彼女たちの普段の言語活動からみれば、かなり非日常的な言葉の数々が、徐々に実のあるコンテンツへと変容し、夜の宿舎がだんだん熱くなっていく。各グループを担当している関西学院大学の女子学生たちともそれぞれにすっかり打ち解けて、タブレットの画面を真剣な表情で見つめながら、積み上げられた書籍を前に、真剣にディスカッションを続けている。それぞれのグループに与えられている壁ぎわのホワイトボードがだんだん文字や図で埋め尽くされていく。国際学部の關谷武司先生が、門下生たちと共に、ノートルダム女学院高等学校の２年生に行ってくださる、「国際情報分析」合宿、すなわちInformation Analysis 5&5（以下、IA5&5）という手法を用いて情報分析を実体験する合宿の一コマの風景である。第１章では、その記念すべき初回の合宿の詳細が述べられているので参照されたい。

この夜の話し合いは、実は翌日の午前中に発表するプレゼンテーションの準備なのだ。

日頃聞いて知ってはいるが､深くは知らない国際的なトピックスを前に、高校生たちにとっては難解に見えるこれらの課題への取り組みは、まず、適切な情報収集の方法を学ぶところから出発する。一つの着眼点にもとづいてアイデアを持ち寄って思考し、ディスカッションしながら論点をまとめ､それを言語化しながらグループメンバーの一員として懸命に協働する。切迫した時間との戦いでもあり、自分の知識量とそれを基礎にする思考の深さの限界に直面し､混乱し､それでも励まされ､頑張ってゴールを目指す。

今､私が描いているこの光景､その時間は午後 11 時を少し回ったところ。翌朝のプレゼンテーションまでのラストスパート。

彼女たちのこの輝きはどこから来るのだろう。実に不思議だ。何が彼女たちを駆り立てているのか。受け身でいる生徒はただの一人もいない。それぞれが役割と責任を持ちながら自分たちの選んだトピックをみなで思考し、自分の考えを構築し、そして発信するという使命を帯びていることを彼女たちは知っている。始まったばかりの午前中、グループを担当する關谷先生の門下生である女子学生たちを遠慮がちに眺めながら、おずおずとしていた彼女たちであったが、多くの文献を抱え図書館から戻ったあたりから一人ひとりが確実に変容し始めた。オーナーシップを持ち始めたのである。今や、目の前の学生に大いなる信頼と親しみ、そして淡い憧れを抱きつつ。

關谷先生とその門下生である学生たちは、実に忍耐強く生徒たちをサポートされる。夜中になるまで物理的にそばにいてあたたかい励ましの言葉をかけ、書物のページを共に繰り、パソコン画面を一緒に覗き、彼女たちの思考の空間を同伴される。彼女たちの言葉かけは､「～やってみようか」「これはどうかな」「本当にそう言えるかな」など、決して断言せず、教えず、生徒の主体性を常に促しながら、それでも必要ならばそっと軌道修正しながら導いていく。

そのゆとり、そして心優しい沈着さに目を見張る。かなり高度な教師力が、この学生たちにはすでに備わっている。

闕谷先生の哲学、それは、正解を知っている人が、知らない人にその正解をわかりやすく伝授するサービスの方法ではなく、さまざまなことが起こる現実の世界の中で、我々を真に生かす「真理」がどこにあるのか、どの道を通ってそこに行き着けるのか、みなでそれを探究するために「一緒に行こう」と行き先を指し示す方法である。先生の門下生たちもみな、その哲学の流れを汲む人々であった。自分たちの周りにあふれる情報に翻弄されそうな生徒たちに、決してそれに溺れることなく、いかにその情報の渦の中を賢明に歩みながら、自らの「知」の領域を拡げていくか、それに同伴してくださった。

そのプロセスの中で、一人ひとりの生徒たちはやがて、「真理」の鉱脈を掘り当てる。17 歳の高校生たちは、こうして闕谷先生、その門下生たちに伴走されながら、すべての学びをまるごと「自分ごと」にしていった時、自ら変容を始めたのである。誠に私は確信した。すなわち、この先生は、今世紀を生き抜く学習者のための、真の教育環境のクリエイターだと。この環境で学ぶ学習者たちは、ある沸点に達したその時に、「知への憧れ」を強く持ち、もっと先へ進みたい、もっと深く掘り下げたいという、純粋な学びへの思いに駆られる。そしていつしか、自分の課題に対して、オーナーシップを持って独自の世界を構築していくことができるのである。これこそが、この世紀を彼女たちが創造的に生き抜くための、「主体的な学び」の具体的な展開そのものであると私は確信している。

闕谷先生との出会い

この「国際情報分析」合宿は、2017 年を皮切りに、今に至るまで両者間で毎年実施している。関西学院大学高大接続センターには、使用する教室や宿泊棟の関連で、最初の 3 年間をお世話になったが、4 年目からは何とか京都の本校でやれないだろうかと考え始めていた。前述したように、この学習展開が、本校の生徒たちに身につけさせたい思考力を育てる非常に有効な方法論であるという確信のもと、さらに持続可能なやり方を構築しなければならない、という思いからであった。可能な限り、本校が所属している大学法人の京都ノートルダム女子大学とも、この教育活動を軸として協働的に動けないだろうかと思い巡らしていた。そして、それは、IA5&5の手法を使った若者たちの主体的学びを全国展開することが可能かという關谷先生の思いといみじくも一致していた。幸いとしか言いようがない。そこで、2020年度から、意を決して京都の本校で行うことになったのである。時は、折しも新型コロナウイルスによる世界的パンデミックのさなかであり、寝食を共にする合宿形式は断念せざるを得なかったが、關谷先生とその門下生たちには京都の本校にお越しいただき、二日間何とかやり遂げることができた。

実は、關谷先生と私の出会いは、遡ること5年前になる。2016年——その年は、念願だったグローバル英語コース開設の初年度であった。ミッション・スクールに相応しいグローバル・マインドと高度な英語力を身につけた生徒を育成するというディプロマポリシーのもと、準備までの間にアメリカに点在する本校の姉妹校のみならず、カトリックの修道会が母体の社会活動組織があるフィリピン、多文化共生の国であるカナダにも足を延ばし、連携プログラムの構築に奔走していたところ、視察先のカナダの公立高校の廊下で、この言葉に出会った。

"Be the change that you wish to see in the world."

マハトマ・ガンジーの言葉であった。これを、本コース第一期生に配布するパンフレットのトップページに置いた。カトリック学校だから聖書の言葉が相応しいというこだわりは無用だった。良き心でつながる価値観は世界の至るところに見つかるものである。私はこの年は心躍らせながらあらゆるところで本コースの価値観を共有する同志、すなわち学校や大学、NGO組織、会社、店舗等々、国内外問わずあらゆる場所にアンテナを巡らせながら、本校と連携できるプログラムの構築に注力をしていた、そんな時であった。関西学院大学が主催された高大接続フォーラムに、当時のグローバル英語コース長であった中村（第1章執筆者）と共に参加した私に、關谷先生と運命的な出会いが待っていたのである。

フォーラムのタイトルは「大学と高校の対話がはじまる」であった。万難を排して参加したいと願っていた私は、そこで、当時学長補佐であられた關谷先生から、大学実践事例として「実践型グローバル人材教育論——国際ボランティア活動を目指す学生指導経験から」という演題の講演を拝聴した。私は直ちに、あゝ、この先生こそが本校に関わってほしい方だと直感的に感じた。そしておずおずと、でも確信を持って名刺交換をさせていただいた時のことを昨日のことのように憶えている。そこからすべてが始まった。

その夏は、先生を本校にお招きし、全教職員に向けてグローバル人材育成の研修を実施した。そして、次の年には、第一回の「国際情報分析」合宿が本校２年生グローバル英語コースの生徒を対象に開始された。生徒たちのみならず、多数の教員も生徒に同伴しながら多くを学んだ。プログラムは毎回綿密な計画と実施後のリフレクションを行いながら、次年度に向けてより良いものを目指す。時を重ねるごとに關谷先生は、本校の生徒も自分の学生であるかのように接してくださり、また本校教職員とも心から親しく交わってくださった。そして私自身も、関西学院大学の学生たちがまるで卒業生のように愛おしく感じるようになっていった。

高大連携教育のあるべき姿

現在、中央教育審議会が進めている高大接続改革、それに伴う高大連携教育、その従来の目的は、入試改革を進め、学力の三要素を見直し、高校生の学習意欲を高め、その学力の向上を目指しながら、彼らが大学レベルの教育研究に触れることのできるプログラムの構築を促進することである。大学側も、そのように高校側とふれあうことで、広報バリューが高まる。良いこと尽くめのように聞こえるが、高大連携教育に関しては、実際のオペレーションとなると各高校や大学に任せられているために、現状は各大学附属高校ですら、その大学とのつながりは非常に希薄なところが多い。単発のイベントは開催できても、中身の充実した持続的な教育プログラムを構築することが困難であったり、大学と高校の教員間の情報伝達が困難であったりするようだ。

その現況を見ながら、今、ここに私が心から言い切ることができること、それは、関西学院大学の關谷先生とノートルダム女学院の私たちほど、その高大連携プログラムが成功しているところは、おそらく日本全国で見つけることはできないということである。なぜならば、ここでの「成功」は、高校側の一方的な恩恵や、大学側の広報バリューなどをはるかに突き抜けているからだ。一言で言うならば、「連携」の下支えに、両者に共通した「志（こころざし）」があるか否かだ。どういう人間に育ってほしいのかという「志」が両者間で存在しているか否か、その「志」が有機的な連環の中で持続して育っているか否かが、成功の鍵を握っていると言っても過言ではない。

この「国際情報分析」合宿のプログラムのみならず、2019年秋には、両者間において、また新たな取り組みが行われた。關谷ゼミの学生8名が、朝8時から夕方6時まで、本校をまるごと一日体験する。授業開始からお昼休み、そして放課後のクラブ活動に至るまで本校の生徒目線まで降りてすべてを体験する。これは単に大学生による高校スクールライフ体験会ではない。目的は、「学校評価」であり、手法は、關谷先生の専門である「教育開発」、その視点で学校を分析する。この観点を伝授されている学生たちは、その後ひと月かけて、他の高校との比較研究も含めながら「授業分析」を中心に評価を試みるのである。これは、我々高校から見れば、普段の交わりとは異なるグループからの新鮮な視点でもって、本校を捉え直すという新たな価値の創出でもあった。本稿のテーマからは外れるのでここで詳細を紹介することはできない。ただ、学生たちのプレゼンテーションを聴く私たちにとっては、確かに耳に心地よいことばかりではなかったが、視点の転換による新たな気づきが多く与えられた次第である。高大連携教育の真実の恩恵はここでも豊かに確認できたのである。

關谷先生と本校のつながりは、ここ5年の間、進化の一途をたどることになるが、ある時に気づいた。

このように、生徒たちに対する恩恵の享受のみならず、私たち教職員に対しても、いろいろなポジティブな気づきを与えられるこの關谷先生とその門下生との関わり、私はこれについて、關谷先生に対して言葉にできない感謝の意をどうして表せばよいだろうかと。そして、心苦しいままに、毎度感謝の言葉を述べるわけであるが、ある時に先生は次のように言われた。

「いや、我々にとっても言葉にし難い幸福です。情報分析や学校評価の過程で、学生は目を見張るほど成長し、僕も本当に多く学ぶ。これは四者間 win/win の関係性ですよ」と。

なるほど、四者間、つまり、高校側生徒＆教員と大学側学生＆教員の win/win の関係性。

それを聞いて、あゝ、これこそが、かつて関西学院大学のフォーラムで私が参加した「大学と高校の対話がはじまる」の真の意味であると感じた。大学と高校の対話は、実はこんなにも深くてあたたかい、また悩んでも楽しい、教育への熱いパッションの交流だったのだと、5年の月日の経過を感じつつ、私は感慨深く思ったのである。

「自分ごと」になった時、「主体性」ははじまる

世界の大海原に漕ぎ出す時、その道標となるのは、神につくられた人間の、古今東西において醸成されてきた知恵の集積、そしてそれを礎に、深くて清らかな水脈を求めて探究し続けようとする逞しい心である。その心さえ失わなければ、IT 化と AI の進化がどれほど進んだとしても、私たちは神からいただいた心と頭脳を持ち合わせた人間として、決して自らを見失うことなく時代を歩み続けることができるだろう。確かに、Society 5.0 がほしい能力、すなわち、技術の革新や価値の創造の源となる「飛躍知」を発見したり創造することができたり、その成果を社会課題につなげる力は素晴らしい。しかし、私たちが教育者として最も願っていること、それは、学習者たちがこの地球上のあらゆる被造物にとっての真の平和への希求心を持つこと、そして人とそれらがどうつながっていけるかということに対する関心を抱き続けること、そのための情報分析力、そのためのコミュニケーション力、コラボレーション力、そして創造性を、生涯において自ら育て続ける力を持つことである。最も大切なことは、Society 5.0 の時代にありながら、自分だけでなく他者の幸福を願い、それを実現できる人、他者の幸福とは何か、そのことに真剣に向き合うことができる人、そのような人を私たちは育てたい。——關谷先生と私は、出会ったその時からこの

ようなことをしばしば熱く語り合っていた。先生は、常に私に、先生の門下生である現役学生のみならず、その哲学をもって卒業していった若者たちが、しなやかにまた創造的に勇敢に、社会の中で活躍する姿を見せてくださった。中には本校の卒業生もいた。教育における夢は、移ろうことのない本物のパッションによって実現する。そのことを、教育者である私自身も信じ続けるエネルギーをいただけるように感じた。

この度、このテキストが、このようにすべての方々に手に取っていただける形で刊行されることになり、先生に次いで喜んでいるのは私かもしれない。なぜならば、この書籍を紐解いていただく高校生、大学生、教育者であるすべての方々が、本校の生徒たちが経験した同じ楽しさを味わうことがおできになることを確信しているからである。その生徒たちの変容ぶりを目の当たりにして喜ばない教育者は存在しない。そして、その高校生たちを導いて同伴する学生たちの頼もしい姿、悩める姿を見て、誇りに思わない教育者もいないと断言できるからである。

2016 年初めて闕谷先生に出会った時の私は、まさか自分がその 5 年後、先生のご著書の「はじめに」の言葉を著すことになろうとは夢にも思わなかった。しかしながら、いかに大それたことであってもそれをお引き受けしたのは、実際にそれから毎年行ってきたこのプログラムを含む、我々の高大連携教育のつながりの真価とその教育的価値を、私が確信しているからである。参加した高校生が、そして同伴する大学生たちが、お互いに向き合った課題に「自分ごと」として奮闘努力し、しかも仲間と共に苦しみ、そのプロセスで変容し、探究に要求されるリアルな「主体性」をまるごと身につけることを目の当たりにしたからである。目の前の課題を「自分ごと」とする責任感や大変さ、楽しさ、おもしろさ、そして創造性を知った彼女たちは、おそらくは自らの「人生」をも、そのような姿勢で歩み始めるに違いない。その意味で、この「国際情報分析」合宿は、自分の人生を「自分ごと」として創造的に生きることの楽しさを知るための、本物の「知」のプログラムであると言って過言ではない。私はそう信じている。

目　次

第1章

Information Analysis 実践体験談

中村良平

「これこそ、今の高校生に絶対不可欠な学びだ」

日本で、いや世界で初めて、高校生が「国際情報分析」合宿にてInformation Analysis 5&5（以下、IA5&5）という手法を用いて情報分析に取り組んだ時、その現場に最初から最後まで身を置いていた私は、心の底からそう思った。「情報社会」を超えてSociety 5.0が到来すると言われている中、21世紀の学びが前世紀のそれと何も変わらないなんて、良いわけがない。そういう問題意識を持ちながら教壇に立つ人々が（少なくとも私の周りには）たくさんいる。そして、多忙を極める日々の中で、常により良い教育を追い求めて、挑戦を繰り返している。そのような教育現場にいると、「完成形」と呼べるものよりもむしろ、教員の熱い想いにはあふれているが、まだまだ試行錯誤の段階のものに出会うことが多い。そんな中、この「国際情報分析」合宿は、「高校生に短期間で」という部分こそ「新しい挑戦」であるが、IA5&5手法の導入から評価までのすべての工程が完成されており、そこに込められた熱い想いはもちろんのこと、極めて洗練されたプログラムになっている。初めて取り組んだ4年前から、このプログラムを実施する度に毎年そう感じている。

私たちが初めて高校生向け「国際情報分析」合宿を実施したのは、2017年9月のことである。それ以降、ノートルダム女学院高等学校グローバル英語コースの2年生を対象に毎年開催し、これまでに4回実施してきた。本章では、高校生向けIA5&5のプログラムがどのようなものであって、このプログラムを通して、高校生たちがどのように変容したかを語っていきたい。また、大学生になる前の段階で高校生がIA5&5という手法を学ぶことの意義についてもお話ししていきたい。

1 「国際情報分析」合宿二日間のストーリー

高校生向けIA5&5は、これまでのところ、土曜・日曜の二日間、合宿形式で行っている（ただし、2020年度は、新型コロナウイルスの影響で、宿泊をしないで二日間の通いのプログラムとして実施した）。この二日間に何が行われ、生徒たちがどう変化していくのかを、2017年度の実践を例に読者のみなさんと眺めていきたい。

2017年9月16日、朝。生徒たちは午前9時に関西学院大学正門前に集合することになっている。ノートルダム女学院高等学校グローバル英語コースの2年生は、この合宿のために京都、大阪、そして、中には遠く滋賀から2時間ほどかけてやってくる。到着した生徒たちは、関西学院大学のシンボル的建造物である時計台を目の前にして、はやる気持ちを押さえつつ、全員の集合を待っていた。

この合宿のテーマは「国際情報分析」。そして、ご指導いただくのは、国際学部の關谷武司先生をはじめとする先生方とゼミ学生さん。参加する生徒たちは、当日を迎えるまで、実はこれくらいの情報しか持っていない。つまり予習不要。むしろ「予習したくても、予習しようがない」というのが正しい。

遅刻や欠席もなく、21名全員の集合を確認すると、迎えに来てくれた4人の大学生に連れられて、会場となるG号館へと移動する。2017年度はあいにくの雨模様の中であったが、雨の上ケ原キャンパスも美しく、関西学院大学ならではの光景に、なお一層心が躍る。さあ、いよいよ「国際情報分析」合宿、二日間の始まりである。

この高校生プログラムは大まかにいうと表1-1のようなスケジュール構成になっている（本章の中にある【①導入】のような【　】で囲まれた表記は、表1-1の①-⑧の段階を表す）。このあと第3章を中心に詳しく説明されるが、ここではIA5&5の大きな流れをつかんでいただけるよう、概要をお話ししたい。

表 1-1 「国際情報分析」合宿のスケジュール

一日目午前	①導入
	②課題のテーマ決め
	③課題の概略調査
一日目午後	④文献収集
	⑤情報の分析
	⑥結論を出す
	⑦プレゼンテーション作成
二日目午前	⑧最終成果発表

【①導入】では、IA5&5とは何であり、それがなぜ私たちに必要なのかといったことを受講生徒と共有し、参加者全員の目線を合わせる。

この合宿が目指すところは「単に知識を受け身的に学ぶのではなく、自らが主体となって知識を分析・評価し、最終的には自分自身の考えを論理的に構築していくこと」にある。「無条件に覚えるという勉強は、高校卒業時点でほぼ終わる。大学に入ると、いわゆる最先端の、もしかしたらまだ立証されていないことを習う」。この合宿では「大学という学問の府における学び方」を学ぶのである（「　」で囲っているのは、当時のビデオ映像をもとに、關谷先生のお話を引用している）。このような講話を聴き、生徒たちはこの二日間、より高い次元の学びに取り組むのだという意識に切り替わっていく。

この本を手に取った方は、教科書や書籍に書かれていること、メディアで伝えられていることをそのまま信じ込んではいけない、そんなことは当然だ、と思っていらっしゃることだろう。しかし、多くの中高生は、それとは逆の世界、つまり、与えられた情報は正しいのだという前提の中で生きている。だからこそ、テストのために教科書に書かれていることを必死に覚えるし、「調べ学習」をするとなれば、インターネットや書籍の情報に目を通し、それらを理解したら、その理解した内容をスライドやポスターにまとめてプレゼンテーションしたりするのである。「この情報は本当だろうか？」という視点を持つことが必要だとは理解していても、それを実践する機会は極めて少ない。だが、現実に世界で流れる情報に目を向ければ、それらを鵜呑みにすることがいかに危険なことであるかを、この【①導入】では実例をもって知ることになる。

《参加生徒たちの感想①》

・テレビ、新聞などのニュースに疑ってかかるといったことが今までなかったので、新たな視点を持つことができました。情報をすぐに鵜呑みにするのではなく、その情報をさまざまな視点から見て、背景を自分で調べ考えることが「情報分析」ということだとわかりました。

・今回の研修にあたり、どのような視点を持って学ぶのが良いかという目標･目的を示すと同時に、私たち（生徒･若者）に伝わりやすい、興味を持つような言葉で語ってくださるのが、特に良いと思いました。

・大学へ行く前は、講義で寝てしまうかもしれないという心配があった。しかし、教授の話が予想以上におもしろく、時間が過ぎるのもとても速かった。授業へのモチベーションが上がった。

導入の講義

続いて、【②課題のテーマ決め】では、あらかじめ用意された複数のテーマが生徒たちに提示され、生徒たちの希望によって、どのグループがどのテーマに取り組むのかを決定する。当然、複数のグループが同じテーマを希望してしまうこともある。生徒たちの希望が重なった場合にはじゃんけんで決めている。テーマの割り当てが決まると、テーマごとに担当の大学生（アシスタント）が決まっているので、どのグループがこの二日間をどの大学生と共に過ごすのかが自ずと決まる。「はじめまして。よろしくお願いします」と挨拶を終えると、早速、テーマについての下調べが始まる。2017 年度は、21 人の生徒が 4 つのグループに分かれ、「従軍慰安婦」「北朝鮮」「テロ」「北方領土」といったテーマに取り組んだ。

ここでどのようなテーマ・問いを生徒たちに提示するかが、全体の成否を決める鍵を握る。聞いたことはあるけど、詳しくはわからない。多くの研究や主張がなされているが、未だ世界共通の決着がついていない。しかも、大きすぎるテーマではなく、たった二日間で高校生が全体像を理解して議論を深めることができる程度の、ほどよい規模のテーマ設定であることが必要だ。毎年、關谷先生や大学生らがテーマとなる問いを提示してくださっているが、このテーマ設定にどれだけ苦心されているかは想像に難くない。

テーマとなっている語を見ると、それまでに一度も耳にしたことがないという生徒はいない。例えば「択捉島、国後島、色丹島、歯舞群島を合わせて、何と呼ばれるか、答えなさい」という問いが、地理のテストにでも出題されたら、ほぼ全員正解だろう。しかし、「そこではどういう国際問題が生じているか？」「関係する国々の主張・見解はどのようなものか？」「そもそも、関係する国とはどこか？」と問われて答えられる生徒がどれだけいるだろうか（あるいは、答えられる大人がどれだけいるだろうか）。

もしかすると「社会が得意な生徒の方が有利なのではないか？」「事前に知識があるかないかで、生徒の活動に差ができるのではないか？」と思われる方もいるかもしれない。しかし、この 4 年間実施してきて、このような心配が実際に問題となったことはない。この高校生向け IA5&5 のプログラムでは、事前に参加生徒に詳しい知識があってもなくても、取り組む上で特に大きな支障が生じないように設計されている。まずは【③課題の概略調査】の段階で、インターネット検索とグループ内でのディスカッションを通して、テーマとして与えられた問いを大まかに理解していき、さらに次の【④文献収集】【⑤情報の分析】へと進んでいくと、生徒間の知識差は完全に解消する。

各グループがテーマを確認すると、「○○って知ってる？」と大学生が問い、高校生が「聞いたことはある」などと口々に答える、というのが恒例の始まりだ。まずは、参加する全員がテーマについてある程度の知識を仕入れないと何も始まらないので、インターネット検索を中心に情報収集を進める。そして、単に表層的に情報を集めるだけではなく、例えば「どの人・国から見てメリット・デメリットなのか、全部の国の視点から調べないといけない」「（その問題の）歴史についても調べていかないといけない」というように、情報を深掘りするよう、大学生が高校生を導く（「」は大学生が実際に高校生にかけていた言葉を引用した）。生徒たちはみな、大学生のアドバイスを受けて、自身の知識レベルを上げていく。

【③課題の概略調査】が終わると、ランチの時間となる。関西学院大学の食堂で、高校とは違うカフェテリア形式の食堂に戸惑いながら、同伴してくださっている大学生たちと共に、昼休みを兼ねた食事の時間を取った。それまで社会的なテーマを前に真剣になっていた顔に笑顔がこぼれる。高校生たちは、もしかすると大学生のプライベートにも興味津々だったのかもしれない。

一日目の午後は、関西学院大学図書館に活動の場所を移し、【④文献収集】の段階に入る。高校にある「図書室」とはスケールの異なる「大学図書館」に足を踏み入れ、生徒たちの本気度はなお一層高まる。13時から17時までの4時間、3階にある「グループ閲覧室」と書架のあるフロアとを行き来しながら、テーマに関係する大量の本を、グループのメンバーと手分けしながら読み漁り、ディスカッションを重ねる。生徒たちは調べたこと、わかったこと、議論したことをホワイトボードやレポート用紙にメモを取っていくが、そのメモ書きがどんどんと増えていくのがこの時間帯だ。4時間ずっと本を貪り、数多くの書籍に当たって情報を集め、「ああでもない、こうでもない」「こっちにはこう書いてある、けど、あっちには違うことが書いてあった」などと、議論を白熱させる。このあたりか

インターネットにて情報収集

キーとなる情報を考える

大学生から高校生への問いかけ

アシスタントへの指導

ら、普通の高校生があまり体験しない、何とも言えない熱気を帯びてくる。ある時、關谷先生がこの様子を「みな、脳味噌に汗をかいている」と表現されたのだが、毎年この時間帯の生徒の姿を見る度に、この比喩がぴったりだと感じる。

この日、図書館を後にする直前、關谷先生は生徒たちを集めて、こう語りかけた。「『自分はこう思う』という思い込みではなく、『こうだから、おそらくこっちの記事はちょっと怪しい、たぶんこっちの方が正しいんじゃないか』『いや、そんなことはないんちゃう？　こんなんもあるよ』『確かに、それとこれは矛盾するね。だとしたら、こっちかな？』というように突き合わせながら、『おそらくこの問題の本質はこのあたりだろう』というように持っていくところまでが、『国際情報分析』、つまり、情報を自分で分析して判断するということです」「部活などの『運動の合宿』とは違って、『知の合宿』でこんなにしんどい思いをしたのは初めてかもしれません」「『これ、何でやろう？』と思って引っかかるとムズムズするでしょ？　知りたいでしょ？　それが出てこないとイライラするでしょ？」「本当の学びというのはそこにある。教えてもらって『あぁ、そうなんや』では楽しくないでしょ？　でも、自分の手で掘り出したものは、本当にうれしいでしょ？」 生徒たちは、「ほんまそれ」と言わんばかりに、時折うなずきながら耳を傾ける。同じ気持ちと体験を共有した者が集まっているからこその空気感である。

図書館にて文献収集

収集した文献の共有

移動予定の17時となり、生徒たちは借り出した書籍を両手に抱え、歩いて10分ほどのスポーツセンターへと移動する。制服から私服に着替え、夕食や入浴などを済ませたのち、21時頃から議論再開。グループごとに会議室の机を囲んで、議論を重ねる。このあとは、【⑤情報の分析】【⑥結論を出す】【⑦プレゼンテーション作成】といった工程を、自分たちで時間管理をしながら進めていく。就寝の準備まで済ませた状態なので、服装だけはゆったりしているが、表情は真剣そのもの。無駄な会話は一切聞かれない。というのも、翌朝9時からは1グループ15分のプレゼンテーションが待っている。寝るまでに、グループとしての結論をまとめ上げ、プレゼンテーション資料を作り上げる必要があるのだ。

そばで見ている教員としては、「たった一日でこれほどの情報を集め、こんなに深い議論ができるものか」と驚かされる。ご承知の通り、この合宿プログラムが開始して、たかだか半日しか経っていない。半日前までは、教科書やニュースの中では見聞きしたことがあっても、一度たりとも身近な問題として考えたことがない。そんなテーマであったのが、生徒一人ひとりが書籍の中から掘り起こした情報を持ち寄り、それぞれが自分ごととして一つの見解を持ち、議論に参加しているのだ。この大きな変わり様を目の当たりにするといつも感動させられる。

21時や22時の時点で意見がまとまっているグループは存在しない。先にも述べた通り、このIA5&5で扱うテーマは、相異なる主張と多くの研究が存在し、未だ世界共通の決着がついていないものである。例えば、あるテーマについてA、B二つの見解があるとすると、生徒たちは「Aは誤っていてBが正しい」とする文献群と、「Bは誤っていてAが正しい」と主張する文献群の両方に囲まれる。どちらの文献にも、書籍として出版されている以上、それなりに説得力のある論拠が示されている。そうすると、「Aが正しい」と考える生徒と、「Bが正しい」と考える生徒が現れる。A派の生徒は「Aが正しいと思う。なぜなら、……でしょ」とB派の生徒を説得するし、B派の生徒は「いや、でもこっちにはこう書いてあったよ。Aだと合わないんじゃない？」と反論する。そのような話し合いを何度も何度も重ねていく中で、生徒たちの考えは揺れ動く。「もしかしたら、そっちの方が正しいかもしれない」「そもそも、なんでそう考えたんだっけ？」「あー、もうなんかわからん」議論が白熱するグループ、煮詰まるグループ、「そろそろプレゼン資料を作らないとまずいんちゃう？」と焦り出すグループ、グループによって状況はさまざまだが、それでも誰一人途中であきらめることなく、夜遅くまで生徒全員が自身でかき集めた大量の情報と格闘し続ける。

どのグループがどのようなテーマを選んでも、必ず意見の対立や混乱があり、生徒たちは慣れない論理思考を繰り返しながら、ああでもない、こうでもないとみなで力を合わせて考えを深めていく。私自身、こう書きながら「もしかすると、この本の読者の方にはこういう疑問が浮かぶかもしれない」と想像することがいくつかある。

1)「やらない生徒や途中で匙を投げる生徒がいるのでは？」という疑問。

⇒私の答えはNoである。この４年間、そのような生徒は存在しなかった。「わからなくなってきた」と言って一時停止する生徒はいても、必ず「戦線復帰」して、全員が取り組み続ける。

2)「簡単に話がまとまって、議論を戦わせる場面が生まれないグループもあるのでは？」という疑問。

⇒これもNoである。後述されるが、対立する見解が生徒たちの議論の俎上に必ず上がるよう、アシスタントの大学生が導いてくれる。そのようにプログラムが設計されているので、生徒たちが対立軸を見出し、それをめぐって議論を交わすということが必ず起こるようになっている。

3)「時間内に結論にたどり着けず、プレゼンテーションに間に合わないグループもあるのでは？」という疑問。

⇒合宿形式で実施した３回においては、この問題は生じなかった。というのも、23時就寝とスケジュールには記しているが、実際の就寝時刻はグループによって異なる。ある程度プレゼンテーションの目途が立つまで、生徒たちは就寝しない（そうしなさいとは指示していないが）。翌朝「ほとんど寝られなかった」と口にする生徒も少なくない。

三角検証をどうすべきかを考える生徒たち

逆に言えば、睡眠時間にバラツキは生じるが、どのグループもプレゼンテーションに向けての準備がある程度完了した状態で、二日目の朝を迎える。早いグループと遅いグループがあっても、二日目の朝にはグループ間の進捗差が吸収された状態となる。一方、合宿ができなかった第4回（2020年度）は、未完成な状態でプレゼンテーションに臨まざるを得ないグループも出てしまった。この「国際情報分析」の二日間プログラムが合宿形式で実施することを推奨される大きな理由の一つがここにあると思う。

はっきり言って、21時以降がこのプログラムの肝となる時間帯である。生徒たちは、これ以上経験したことがないくらい、大量の情報と向き合い、頭をフル回転させて、仲間たちと議論を交わす。アシスタントの大学生は、生徒たちの議論が一進一退するのを辛抱強く見守り、行き詰まったら助け舟を出し、議論が混乱したら整理をし、さまざまな形で手を差し伸べながら、高校生が自分たちでIA5&5を実践できるように同伴してくださる。この過程の中で、年の近い大学生が大きな存在に見える瞬間が何度も訪れる。アシスタントの大学生が高校生にとってのロールモデルとなり、「私もああなりたい」「こんなことができるようになりたい」と憧れを抱く。もちろん、IA5&5の主たる目標は「自分で情報を分析できる力をつける」ことにあるわけだが、それとは別に、大学生とこのような関わりを持つことができることは、このプログラムから得られる貴重な体験である。

《参加生徒たちの感想②》

・課題を進める時は、しっかりとアドバイスをしてくださって、とても力になりました。でも休憩している時は気楽に話せるような雰囲気を出してくださってとてもうれしかったです。
・私たちにどうやって学ぶかを教えてくださったり、私たちのやり方がずれている時にわかりやすい明確なアドバイスをくださったりして、すごくサポートしてもらえました。私にとってすごく大きく見えたし、自分もあんなふうになりたいと思いました。
・答えを教えるのではなく、調べる時にアドバイスをしていただいたり、煮詰まってしまった時にヒントをくださったりして、サポートが心強かった。深夜までサポートしていただいて、精神面でも心が折れかけていた時に助けていただいて本当にうれしかったです。
・どのように考えたら解決できるかを私たちに考えさせるようにして、私たちをサポートしてくれました。その大学生の助け方がすごいなと思いました。

そして、高校生・大学生の動きを絶えず俯瞰し、全体としてゴールにたどり着けるよう、適切な助言を随所で与えてくださるのが闞谷先生、という構図である。例えば、高校生６人から成るあるグループが、３人対３人で意見が分かれたまま、意見をまとめる突破口が見つからないでいる。その様子を見た闞谷先生は、グループにこう声をかける。「『こう思うねん！』という思い込みではなく、『なぜならば……』とちゃんと言える材料や根拠を示して、３対３で割れているのをどうすれば割れないで統一の見解に持っていけるか話してみてください」。そして最後に「よく勉強してると思いますよ！　もう一息、もう一息！」と声かけくださると、ある生徒は「自分たちが（高く）評価されていると思うと、にやけてしまう」と笑いながら答えていた。行き詰まりを感じていた生徒たちの心に、再び火をつけてくださった瞬間だった。ある時には考え方や進め方のアドバイスを与え、またある時には、生徒を鼓舞するように声かけをしてくださり、さまざまなアプローチで生徒たちの深い学びを支えてくださる。生徒たちも、教授や大学生に支えられて、夜遅くになっても歩みを止めることなくしっかりと取り組み続ける。

やがて、23時の就寝時刻となり、生徒はみな各々に割り当てられた部屋へと戻っていく。しかし、その後も各部屋で翌朝のプレゼンテーションに向けた準備が続く。先にも少し述べたが、グループとしての見解がまとまり、スライドがほぼ完成した状態にならないと、生徒たちは眠りにつこうとしない。決してそういうルールになっているわけではないが、翌朝９時から発表が始まるので、生徒たちは毎年そのように考えて行動する。結果として、翌朝に「寝られた？」と聞くと「ほとんど寝られなかった」と目を擦る生徒が多くいる。

夜が明け、身支度をして、朝食を済ませると、プレゼンテーションに向けての最後の仕上げに入る。スライドの最終調整をする生徒、発表のリハーサルに余念がない生徒、みなそれぞれにするべきことがあり、朝からピリッとした空気が流れる。

午前9時からは【⑧最終成果発表】、各グループによるプレゼンテーションの時間である。2017年度は4グループあり、1グループ15分の発表のあと、10分程度の質疑応答の時間があり、その後、關谷先生から講評をいただく。合わせて約2時間かけて、それぞれのグループがこの二日間の成果を披露した。

生徒たちの発表を聞く度に、毎年大変驚かされる。高校では普段からプレゼンテーションをする機会が多く、よく生徒たちの発表を目にするのだが、この研修を受けたからといって、ひときわ上手なプレゼンテーションができるわけではない。そもそも、「国際情報分析」合宿はプレゼンテーション手法の研修ではないので当然である。私がいつも感動しながら驚くのは、たった24時間前にはほとんど自分ごととして捉えたことのなかった問題について、高校生が自信を持って話すことができるようになっていて、さらに発表後の質疑応答において、意表を突くような質問に対しても堂々と答えることができるということである。テーマが決まった直後、生徒たちが口々に「聞いたことはある」と言っていた前日の朝の光景、そしてその後、書籍を読み漁り情報を集め、夜には、時に白熱し、時に行き詰まったあと、大量の情報を前にもがき苦しんでいた生徒たちの姿と重ね合わせると、いつも感慨無量の想いになる。

《参加生徒たちの感想③》

・私が担当したテーマは、ニュースで耳にしたことが数回ある程度で、内容も知らない状態から分析を始めたが、知らないテーマを分析する分、すべてが新しい情報で、とても充実したように感じられた。
・情報を集めるだけでなく、自分たちで考えて議論するということが楽しかったです。

・一見すると二国間の問題に見えていましたが、背景にさまざまな国が関わっていて、世界からの視点で見なければいけなかったので、知れば知るほどおもしろかったです。

すべての発表が終わったあと、關谷先生から講評をいただき、最後のまとめとなる。毎年、まとめの中でお話しくださるのは、高校までの学習の重要さである。「非常に高い次元の学び、本当に必要な学びをするには、基礎学力がないとできません」「高校までの基礎学力は非常に重要です。大学に入って本当にステップアップしたいならば、今高校で学んでいる基礎的なことをガッツリとやることです。それは絶対に無駄にならない」「これから先も、大事なことは自分で学びにいく姿勢を忘れないでください」(「」は、2017 年度の關谷先生による講評から引用している)。

もちろん、高校の先生も日々「今やっている勉強は大学に入って以降も必ず必要になるからね」と言う。しかし、大学教授から言われるのとは、高校生の受け取り方も違うというものだ。また、失礼な言い方になるかもしれないが、同じ大学教授から同じことを聞くのでも、一時間ほど授業体験をさせてくださった教授から聞くのに比べて、二日間の『知の合宿』を共にしてくださった關谷先生からの言葉は、生徒たちの心にひときわ大きく響く。

最後は全員で記念撮影をして、この二日間のプログラムの幕を閉じた(余談だが、2017 年度はまるで本合宿に合わせるかのように台風が接近していた。まさに合宿が終わりに差しかかった頃、関西学院大学がある西宮市に暴風警報が発令された。別れを惜しむ間もなく、大急ぎで宿泊していたスポーツセンターをあとにしたことが思い出される)。

後日、生徒たちはアンケートに回答している（本章の随所に差し込まれている《参加生徒たちの感想》は、そのアンケートの回答からの抜粋である)。生徒たちは、レベルの高い学びに一心不乱に取り組み、關谷先生や大学生の支えを得ながら、情報を自らの手で掘り起こし、かき集め、苦しみながらも、グループとして最後までまとめ上げる。そこで生徒たちが感じた達成感は、この先もずっと決して忘れることはない。

《参加生徒たちの感想④》

・みんなすごく頑張っていてすごかったです。こんなにも意欲的に活動できたのは良いことだと思います。

・能動的な学び100％といった感じです。とても深い学びという一言に尽きます。

・こんなに頭を働かせたことはないくらいよく考えた二日間でした。頭を使って疲れたのに楽しいと思えたのは初めてでした。

・一日半では足りません！　たぶんみんな夜通しやっていたと思います。

・一日半ととても短かったですが、こんなに短い時間で、今まで以上に頭を使い、とても疲れました。でもプレゼンテーションが終わったあとの達成感をとても感じました。前日には、終わりが見えず、本当に終わるのかなと、何度も思いましたが、何とか無事に終えることができて良かったです。インターネットだけでは得られない、さまざまな情報がある中で、どれが本当のことなのか見分けるのがとても大変でしたが、その大変だった思い出が自分の将来への自信になれば良いなと思いました。本当にこの合宿は自分の力となりました。

最後の講評の様子

2　中学・高校の教員として、「国際情報分析」合宿にかける思い

今、中学・高校の教育は大きな変化の渦の中にある。「工業社会」「情報社会」を超えて Society 5.0 が到来すると言われている中、次世代を担う人を育てるために、教育はどう変わるべきか、という問いを前に、国も現場も試行錯誤を続けている。

21 世紀になり、今や、情報にアクセスすること、情報を集めることは、大変容易になった。どこにいようとも、知りたいことをキーワードとして検索エンジンにかければ、ほしい情報が瞬時に大量に手に入る。そればかりか、人々は、家でも街中でもわずかな時間があればすぐにスマートフォンを手に取り、SNS やニュースサイトを眺める。ありとあらゆる情報が次々と私たちの目に流れ込む毎日を過ごしている。

さて、そうして私たちの目の前に次々と飛び込んでくる情報は、本当に信用に値するものだろうか。信頼できる情報ばかりではなく、誤った情報、偏った情報、事実を誇張した情報が入り混じって、メディアを行き交う。まさに玉石混交の状況下で、私たちは情報を適切に取捨選択することができているだろうか。誰もが自由に情報を発信し、誰もが大量の情報に日々さらされる時代だからこそ、私たちは情報を見極める力を磨く必要がある。

しかもそれは、大学生になってからとか、社会に出てからなどと言って、それほどゆっくりとしてもいられない。中学生、高校生だって、情報の発信者となり得る時代だ。SNS は日常生活の中にすっかり浸透していて、子どもから大人まで自由に発信をしている。プライベートの領域に限った話ではない。中学生や高校生は今、さまざまな社会的活動を立ち上げたり、参加したり、なかには起業する生徒もいる。本校生も、フェアトレードの普及、ごみ減量推進、ジェンダー格差の解消などといった社会的な課題と向き合い、自分たちにできることを考えて、実際に行動するという取り組みを行っている。生徒たちは、例えば協力を呼びかけるために SNS に投稿したり、プレゼンテーションを行ったりして、自分たちの活動に関する情報を集めて発信する。もしもこの情報が誤っていたり、偏っていたりす

ると、その影響は協力してくださった方々の善意にも及ぶことになる。情報を吟味せず、拾った情報をそのまま発信することがいかに危険であるかをできるだけ早くに知っておくことは重要である。

「国際情報分析」合宿に参加した高校生たちは、この二日間で大きく変容する。一つには、世の中の出来事、マスメディアやインターネットに流れる情報、そういったものへの眼差しが変わる。情報リテラシー教育の浸透もあって、「インターネットには真偽の怪しい情報もある」といった認識は多くの生徒が持っている。だが、「ならば、ニュースや新聞、書籍は信頼性が高いか」というと必ずしもそうとは言えず、時には疑いの目を向けなければならない。また、複数の情報源に当たって正当性・妥当性を検証しなければ、偏った視点を持ってしまうことになるということを、生徒たちはこの二日間で実例をもってはっきりと認識する。この体験を経ると、世界の見え方が変わる。例えば、ニュース番組を見ている時にも、「これ、ほんまか？」「何か、裏がありそうで怪しい」と問う目線が自分の中に生まれる。もちろん、だからといってすべてのニュースを「情報分析」することは不可能だが、その気になればいつでも真実に迫るための術を知っている（少なくとも一度はやったことがある）というのは、生徒たちにとって大きな自信と力になる。

そして何よりも、生徒たちはこの二日間で「学びの神髄」を知る。学びとは本来、誰かから与えられるものではなく、自分が探し求め、掘り起こし、考え見極めていくものだということ、それがどれだけ苦しくも、どれだけ楽しいものかということを、生徒たちはみな体感する。この合宿での取り組みは、テストの点数にも大学入試にもつながらない。それでも生徒たちは、ただ純粋に「わからないことを知りたい」、「真実に近づきたい」、そういった知的好奇心に従って取り組む。これこそ真の学びではなかろうか。

このような豊かな学びをこれまで私たちが享受できたことは、本当に恵まれたことである。そして本書を通して、この学びが関西学院大学の学生やノートルダム女学院の生徒だけのものではなく、もっと広く実践されるものになるようにと願っている。

第2章

なぜ、今「情報分析」なのか

髙田裕彦

1　情報、「正しく」読めていますか？

みなさんは、これまで事実ではない情報を事実だと信じ込んでいたという経験はないだろうか。新聞やテレビを見て、初めは「事実」だと思っていたことが、のちにさまざまな関連情報が明らかになると、随分と違う話であると気づいたことがある人は多いだろう。また、インターネットや雑誌の記事に伝え手の予断や憶測が含まれているなと感じることもあるのではないだろうか。しかしながら、普段は、あまりそうしたことを考えることなく、メディアからさまざまな情報を得ているのではないだろうか。

総務省『情報通信白書　令和元年版』によれば、全世代平均で、68.7%の人が新聞を信頼できると回答している。また、テレビについても、年代による差はあるが、20代・30代を除く各世代で60%以上が信頼するとしている。10代・20代での利用が多いインターネットへの信頼度は同世代でも36.0%（10代）、29.2%（20代）となっている（総務省 2019）。

日頃、私たちは多くの時間を使い、テレビや新聞、雑誌などの伝統的なマスメディアやインターネット、SNSを通じさまざまな情報を得ている。また、目的に応じてメディアを使い分けるということも行っている（総務省情報通信政策研究所 2018, 2019）（図2-1、2-2、2-3、2-4）。

では、私たちは、メディアから発信された情報を「正しく」読めているだろうか。先の調査結果を見ると、新聞やテレビには、多くの人が信頼を置くとしている。一方で、最近では、メディアには、フェイクニュースや

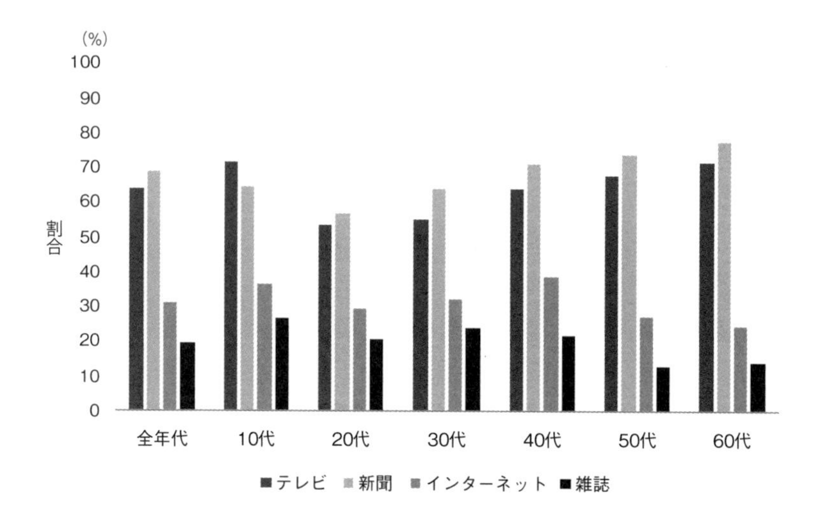

図 2-1　メディア別信頼度（全年代・年代別）
出典：総務省情報通信政策研究所（2018）

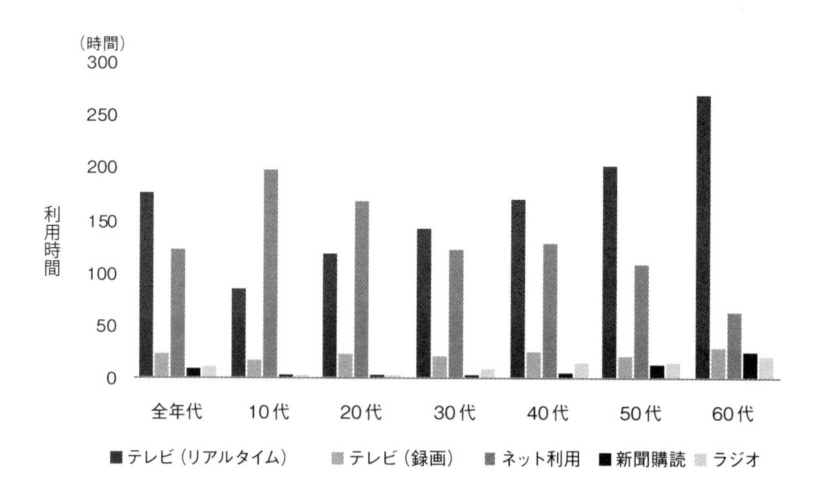

図 2-2　主なメディアの平均利用時間（全年代・年代別）
出典：総務省情報通信政策研究所（2019）のデータをもとに筆者作成。

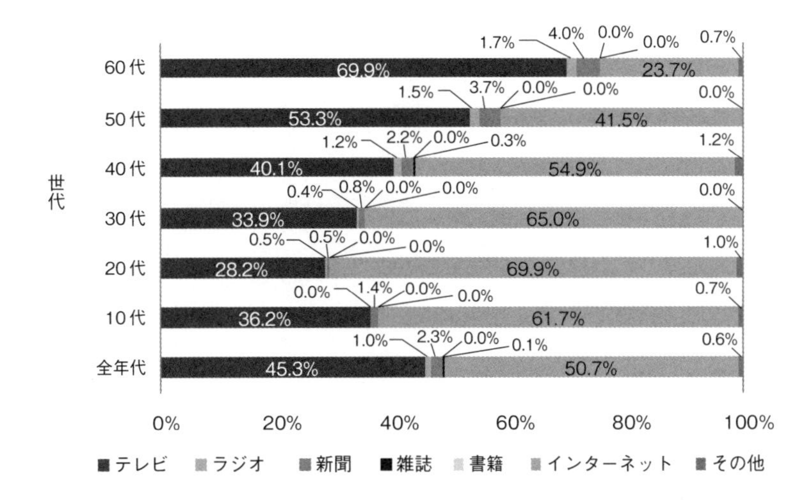

図 2-3　目的別利用メディア「いち早く世の中の動きや出来事を知る」（最も利用するメディア　全年代・年代別）
出典：総務省情報通信政策研究所（2019）

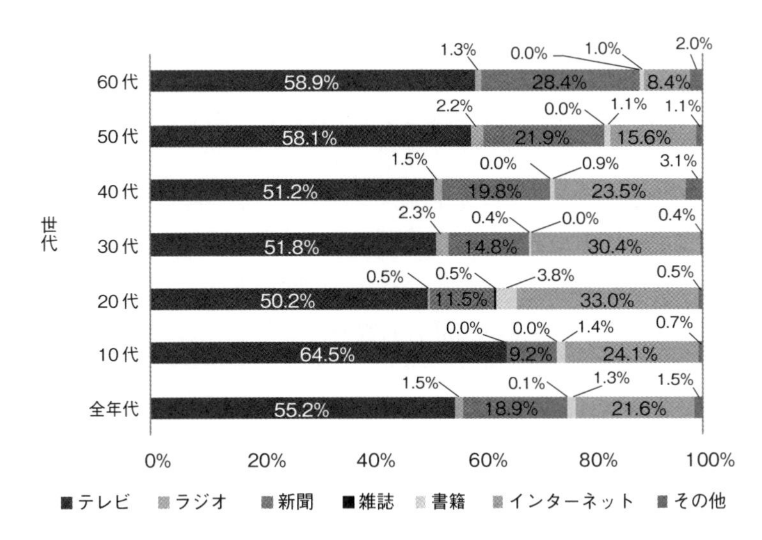

図 2-4　目的別利用メディア「世の中の出来事や動きについて、信頼できる情報を得る」（最も利用するメディア　全年代・年代別）
出典：総務省情報通信政策研究所（2019）

デマ、真偽の不確かな噂や誇張などがあるとして、メディアリテラシーを身につける必要が指摘されるようになった。実際、多くの場合、メディアから伝えられる情報には伝え手の主観的なメッセージが含まれていたり、事実をある一面から切り取ったものであったりする。また、メディアから断片的に伝えられた情報に受け手が想像をつけ加え、自分勝手に事実を作り上げているということもあるのではないだろうか。

(1) 昨今のコロナ騒動

2019年12月に中国・武漢市で発生した「新型コロナウイルスによる肺炎」は、感染症の世界的流行「パンデミック」よりも早く、「インフォデミック」と言われるさまざまな情報が飛び交う混乱となって世界中に拡大した。「新型コロナウイルスには、治療薬がなく、感染すると死に至る」「中国だけでなく、ヨーロッパでも多数の死者が発生」「やがて世界中に拡大するとおびただしい数の死者が発生する」という、この感染症の脅威に関するもの、「新型コロナウイルスは、人為的に作られた生物兵器」という陰謀論、さらには「(マスクの品薄を受け)同じ材料で作られているトイレットペーパーもなくなる」といったデマなどが飛び交うこととなった。

こうした情報の混乱の中で最も深刻なものは、集団感染の発生や特定の地域での感染流行のニュースを知った人たちにより、感染者と同じグループに属すると考えられた無関係な人たちまでが批難や排斥を受けたことである。集団感染が確認された大学とその関係者が差別的な扱いを受けたり、流行が著しいと考えられる大都市から故郷に帰省した者に激しい批難が投げかけられたという事例である。果たして私たちは事実を等身大に正しく読み取り、「正しく恐れる」ということができていたか。むしろ、テレビや新聞などからの情報を得るうちに一層の不安を募らせ、感染の危険を避けるため、ステレオタイプに感染者と同じ大学、居住地といった特徴を持つ者を遠ざけるべきと錯覚してしまったのではないだろうか。

こうした事例として、大学のラグビー部寮での集団感染の発生後、ラグビー部員とは直接的な接触のまったくない同大学生に対して、教育実習の受け入れ拒否やアルバイト先から出勤の停止を求められた問題を見てみよう。

『朝日新聞デジタル』（2020 年 8 月 18 日 10 時）[1]

「C 大でクラスター　寮のラグビー部員 24 人感染」
A 県は 16 日、C 大学（B 市）で県内 3 例目のクラスター（感染者集団）が発生したと発表した。17 日までに、ラグビー部の男子部員 24 人の陽性が判明した。同日午後現在、軽症は 6 人、無症状 18 人で、55 人は陰性という。部員 168 人は全員市内の同じ寮で生活しており、今後、残りの部員らを対象に PCR 検査をする。
（中略）
C 大は、17 日午前、B 市 D 町の D キャンパスで、E 副学長らが記者会見した。ラグビー部は 3 月以降、対外試合を禁止し、6 月から野外を中心に個人練習を再開し、徐々に全体練習も始めていた。日本ラグビー協会のガイドラインに従ってタックルなど接触を伴うプレーも、7 月まで禁止としていた。寮では食堂で座席の間隔をあけるなど対策をしていた。E 副学長は「十分に注意をしていたが、感染者が出たことは大変遺憾」と話した。
大学内の全クラブ活動は 24 日まで活動中止とし、選手が出入りしていた体育学部キャンパスも同日まで閉鎖する。ラグビー部の練習再開は未定だという。今後、保健所の指導の下、寮の消毒作業も行う。
（後略）

注：記事中のアルファベットによる伏字は筆者による。

当初の報道は、ラグビー部の寮でのクラスターの確認と大学側として取られていた感染対策、今後の対応について報じたものであった。この報道があった頃には、すでに A 県内でも何人もの感染者が確認されており、新型コロナウイルス自体は、まったくの新たな脅威の到来というわけでは

1　朝日新聞デジタル，2020 年 8 月 18 日更新，https://www.asahi.com/articles/ASN8K6TSNN8KPOMB00H.html（最終閲覧日：2020 年 10 月 27 日）

なかった。また、報道では、ラグビー部寮内で感染が広まっていることは報じられているが、それ以外の学内での感染の広まりへの懸念は記載されていない。しかしながら、この報道の二日後、広くC大学の学生の間で感染が広まっているかのような疑念にもとづく問題が起きていることが報じられた。

『朝日新聞デジタル』（2020年8月20日16時57分）[2]

「『教育実習中止を』C大学生、各所での不当な扱い訴え」
新型コロナウイルスのクラスター（感染者集団）がラグビー部で発生したA県B市のC大学は20日、学生たちが教育実習先の中学や高校、アルバイト先から不当な扱いを受けていることを明らかにした。この日の会見でF学長は「看過できない」と訴えた。
大学によると、17～19日、学生が教育実習をする予定だった2校から「教育実習を中止にしてほしい」という電話が大学に寄せられた。別の1校からは「教育実習に来るならPCR検査を受けてほしい」と言われたという。
19日には学生2人から「アルバイト先から、しばらく出勤を見合わせてほしいと言われた」との相談があったという。学生たちはいずれもラグビー部員ではないという。F学長は「こうした不当な扱いを受けることが、さらに広がることを懸念している」と話した。
県は16日、ラグビー部内でクラスターが発生したと発表。18日までに部員やマネージャー、指導者の職員ら全関係者のPCR検査が終わり、53人が陽性だった。県は20日、これまで陰性だった部員1人の陽性が新たに確認されたと発表。感染者は計54人になった。

注：記事中のアルファベットによる伏字は筆者による。

2　朝日新聞デジタル，2020年8月20日更新，https://www.asahi.com/articles/DA3S14594471.html（最終閲覧日：2020年10月27日）

この時点で、F学長が、ラグビー部と接点を持たない学生の「不当な扱い」を「看過できない」とし、「こうした不当な扱いを受けることが、さらに広がることを懸念している」としたことは、事実関係に照らせば当然のことと言えるだろう。この結果、同月28日には、教育実習を拒否された学生とPCR検査の実施を条件づけられた学生3人の検査なしでの受け入れが実現している。

一方、翌29日の報道では、なお大学への批難が数多く寄せられていることが報じられている。

> 『読売新聞　オンライン』(2020年8月29日18時38分)[3]
>
> 「『C大に責任』『謝れ』、ラグビー部集団感染で批判50件」
> A県B市のC大学ラグビー部で新型コロナウイルスの集団感染が起きたことを受け、大学に謝罪を求めたり、批判したりする電話やメールが28日夕までに約50件に上っていることがわかった。同市のG市長は「感染は誰にもある。感染者が出れば『謝れ』という圧力をかける行為が社会を分断し、私たちの心をむしばむ」と訴え、冷静な対応を求めている。
> C大ラグビー部で確認されている感染者は部員ら計60人。集団感染が明らかになった今月16日以降、部員以外の学生が教育実習を断られたり、アルバイト先から出勤しないように求められたりするケースがあり、大学とG市長が20日に記者会見して差別的な対応をしないよう呼びかけた。
> しかし、その後も大学や市に「C大に責任がある」「医療機関に負担をかけた」「市民や世間に迷惑をかけたのだから謝れ」などの批判が殺到。「クラスター（感染集団）を発生させた大学が被害者のような態度をするな」といった反発も多いという。

3　読売新聞オンライン, 2020年8月29日更新, https://www.yomiuri.co.jp/national/20200829-OYT1T50264/（最終閲覧日：2020年10月29日）

G市長は「感染者を排除し、謝罪を求める声がコロナ禍を深めているのではないか。改めて考えてほしい」と呼びかけた。

注：記事中のアルファベットによる伏字は筆者による。

多くの市民の間には不安を惹起した大学への怒りも生じている。また、多人数の集団感染により地元の指定医療機関や保健所に大きな負担が生じたことは事実であるとしても、「正義感」にもとづき、第三者が大学での集団感染の責任を問うといった、通常のインフルエンザや食中毒の集団発生では見られないような心理が生じている。本来、C大学ラグビー部寮内での集団感染発生の報道は、その主旨を離れ、大学の不祥事を伝える情報として読み取られてしまったと言えるだろう。

(2) なぜこのようなことが起こるのか

背景には、人々の強い不安や恐怖が考えられる。[4] 強い不安から、ステレオタイプにC大学やC大学生を排除しようとしたり、自身が恐怖を感じたことに対して「市民や世間に迷惑をかけた」として謝罪を求めるといったことが起こったのではないだろうか。新型コロナウイルスが国内で広まる中で、連日、テレビや新聞では、感染者数や死者数が報じ続けられていた。また、初期の段階では、新たな感染者が明らかになるとテレビでは速報が流された。ヨーロッパやアメリカでは、感染拡大により多くの死者が出ており、これを抑えるため大規模なロックダウン（都市封鎖）が行われたことについても報じられた。こうした報道は、感染予防の注意を呼びかけ、我が国でも強力な感染拡大抑止策をとることの是非を問うためのものであった。しかしながら、テレビや新聞が多くの時間と紙面を割いていること自体が、視聴者や読者に「それに相応しい大変なことが起こっている」「世界が恐怖におののく感染症である」「今に日本も同じようになる」という認識を作り上げていたのではないだろうか。また、日本での流行がまだ

4　社会の強い不安がデマや認知的不協和といった心理につながることは、清水（1947）やフェスティンガー（1965）など、多くの研究により知られている。

初期の頃、罹患した著名な芸能人の死亡が発表され、指定感染症のため家族も寄り添えないままに荼毘に付されたことが放送されたことにより、この感染症が「これまでにない死に至る病」であるという恐怖感ががぜん現実味を帯びるようになったと考えられる。

すでにこの問題が発生した頃には、新型コロナウイルスに感染した若者の多くが軽症あるいは無症状にとどまることや、無症状の感染者からも第三者への感染が起こり得ることが知られていた。「無症状の若者が感染に気がつかず活動し、新たな感染源となっている」残念ながら、そうしたイメージが先行する中で、大学生の集団感染のニュースは、実際以上に大きな広がりを持つ深刻なものと受け止められたと考えられる。

こうしたメカニズムについては筆者の推測の範囲を超えるものではないが、多くの人が新型コロナウイルスに関する連日の報道に不安を募らせていたことは確かである。私たちは、一連の報道に対して、「何が起きているのか」「確認できる事実は何か」、冷静に正しく情報を読めていたと言えるのだろうか。

2　世界と日本人の情報の受け止め方

日本人の情報活動については、前節で見てきた通りである。日本人は、新聞、テレビなどに比較的高い信頼を置き情報に接している。こうしたメディアへの接し方、信頼度を国際的に比較してみるとどうだろうか。

世界価値観調査は、世界数十カ国の文化、社会、政治、宗教、道徳的価値などについて、各国の社会科学者による面接やアンケートなどを用いて行われる共同意識調査である。図2-5は、同調査での「信頼を置く組織・制度」に関する調査結果をもとに、日本、アジア、欧米の主な国での新聞・雑誌、テレビへの信頼度に応じ国名をプロットしたものである。[5]

5　世界価値観調査（2005年度期および2010年度期）、欧州価値観調査（2010年度期）での各国における「組織・制度への信頼度」調査による。図2-5は、同調査項目において、新聞・雑誌（縦軸）、テレビ（横軸）を「非常に信頼する」と「やや信頼する」と答えた回答率の合計をもとに筆者が国名をプロットしたものである。

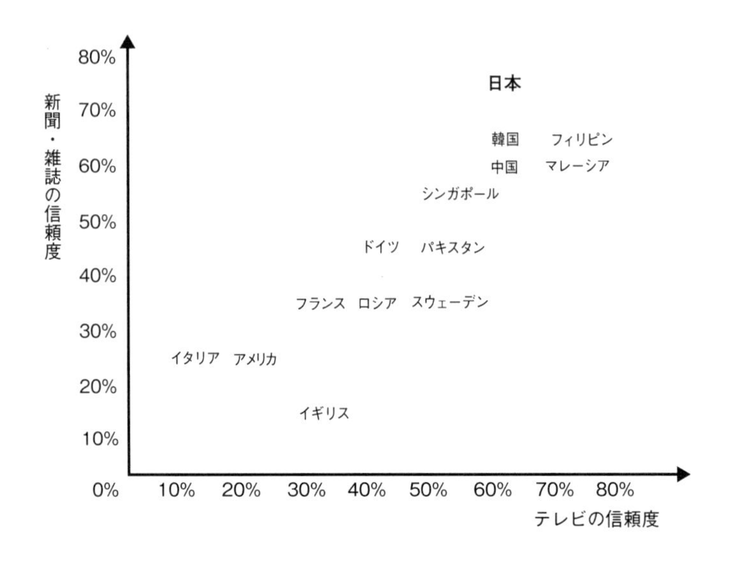

図 2-5　新聞・雑誌、テレビの信頼度比較
出典：世界価値観調査（2010）をもとに筆者作成。

これに照らせば、欧米に比べ、アジアの諸国では新聞・雑誌、テレビに対し信頼を寄せているのがわかる。中でも日本では、70%以上の人が新聞・雑誌を信頼すると回答し、また、テレビについても60%以上の人が信頼するとしており、メディアへの信頼が特に高い国と言える。

一方で、欧米の国々では、総じてメディアへの信頼度は50%以下の低い状況である。世界的なネットワークや知名度のある新聞、テレビ網を持つアメリカやイギリスにおいては、10-30%程度の人しか新聞・雑誌、テレビを信頼していない。

こうした違いは、なぜ起こるのか。もちろん、背景として、それぞれの国の新聞社やテレビ局の報道体制やジャーナリストの姿勢、それによって作られてきた社会的な信用といったことが関係している。また、これらの国の中には、市場化の進行によるメディア間の競争の激化や新聞の買収や統廃合、スキャンダリズムの横行などによるメディア不信が起こっていると言われる国もある（門奈 2014）。また、既存メディアが、保守、リベラルに色分けされ、それぞれのアイデンティティにとらわれた報道に終始していると無党派層や反対派の人たちには映るのかもしれない。ポピュリズム的な政権に対するジャーナリズムの本来の機能である批判が、反愛国的であるという反発にさらされていることも影響しているだろう（レビツキー＆ジブラッド 2018）。しかしながら、同様の現象は日本や韓国においても少なからず起こっている。こうした要因だけでは、この傾向の大きな違いは説明がつかない。

では、この違いをどう考えるのか。欧米とアジアの国々でのメディアへの信頼度の明らかな差があるのは、そもそも、メディアからの情報の受け止め方に文化的な違いがあることに起因するのではないかと仮定してみよう。欧米では、情報をやみくもに鵜呑みすることなく、まずは批評的に受け止める。その前提として、情報の送り手であるメディアに対してもあらかじめ信頼を置いてかからない。こう考えると、アジアの国々との間にメディアへの信頼度に大きな違いがあることの説明が可能である。以下で紹介するコミュニケーションのコンテクスト依存度からも、同様の傾向が読み取れるからである。

3　コンテクストに依存した日本人のコミュニケーション

コンテクストとは、「文脈、背景、前後関係」などのことで、言語、共通の知識・体験・価値観・ロジック・嗜好性などによって決まるものである（ホール 1993）。

コミュニケーションがどの程度コンテクストに依存して成り立っているかについては、国、文化により違いがあると言われている。このうち、コンテクストの共有性が高く、コミュニケーションにおいては、言葉で事細かに伝える努力をしなくても、お互いに相手の意図を察し合うことで、なんとなく理解し合える文化をハイコンテクストな文化という。一方で、コンテクスト依存度の低いローコンテクストな文化では、言語に対し高い価値と積極的な姿勢を示し、コミュニケーションに関する諸能力（論理的思考力、表現力、説明能力、ディベート力、説得力、交渉力）が重要視される。

ハイコンテクスト、ローコンテクスト、二つの文化でのコミュニケーションのスタイルの事例を見てみよう。

ハイコンテクストな夫婦での出勤時の夫の依頼。

夫「おーい、あそこに置いてあるあれを取ってくれる？」

ローコンテクストな夫婦での同様の依頼。

夫「キャサリン、僕の書斎の机の上に置いてある、僕の大学の研究室の鍵を取ってくれる？　金のキーホルダーについているやつね」

あなた自身のコンテクスト依存度はどうだろうか？　以下の質問に答えてみよう。

□イエス・ノーをはっきり言わない。
□物事を進めていく時は慎重に根回しする。
□合理性や論理性をさほど重視しない。
□初対面の人とのコミュニケーションは苦手である。
□反対意見があってもはっきりと言わない。
□親しい人には目で語りかける。
□抽象度の高い曖昧な言葉をよく使う。
□語尾が濁る。
□人間関係はじっくり築いていく方である。
□積極的にコミュニケーションを取る方ではない。

出典：安田（1999, p.29）

いくつぐらい「Yes」のチェックが入っただろう？　チェックの数が4-6でコンテクスト依存の「傾向あり」、7-10は「顕著な傾向あり」である。

多くの日本人は、ハイコンテクスト＝コンテクスト依存度が高いと言われている。「空気を読む」「事情を察する」「相手との関係性を考える」ということでコミュニケーションを行っている。

ビジネスにおける異文化コミュニケーションの専門家であるエリン・メイヤー（2015）は、世界のビジネス関係者への膨大なアンケートやインタビューをもとに、各国の相対的な文化的位置関係を可視化したカルチャーマップを作製している（図2-6）。

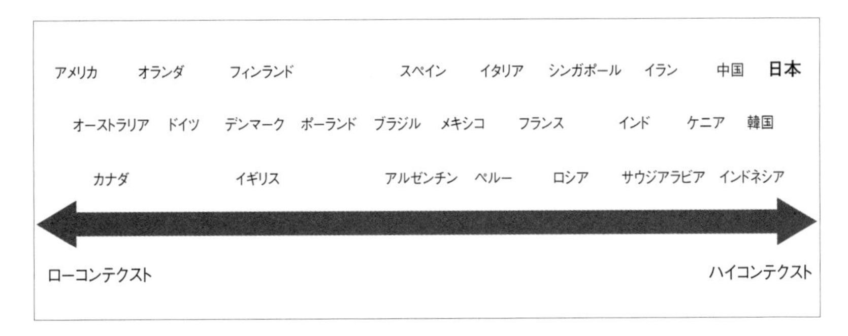

図2-6　各国のコンテクスト依存度

出典：メイヤー（2015, p.59）

この中でも、日本は、最もハイコンテクストな文化であると位置づけられている。民族的な多様性の少ない島国で、長い間、他国民との交流が少なかった日本では、内部のメンバー間に長い間共有されているコンテクストがあり、言葉にしなくてもお互いのメッセージを察し取ることが行われてきた。一方、最もローコンテクストに位置づけられるアメリカは、さまざまな文化的背景を持つ世界各国からの移民で成り立ち、曖昧さや誤解が生じる余地をなくして、できるだけ率直に明白に伝えることがコミュニケーションの要とされている。

カルチャーマップでのコンテクスト依存度による国の配置は、前節での新聞・雑誌、テレビへの信頼度の調査結果とも整合的である。総じて、新聞・雑誌、テレビへの信頼度の低い欧米の国にはローコンテクストな国が多く、信頼度の高い日本をはじめとするアジアの国にはハイコンテクストな国が多いのである。

日本人は、極めてハイコンテクストであること。情報を正しく読み取るという観点からは、この点は厄介な問題である。新聞・雑誌、テレビなどから伝えられる情報の真偽や価値を評価することなく、こうしたメディアへの信頼というコンテクストに依存して理解する傾向が強いと考えられるからである。

また、ハイコンテクストな日本人に生じがちな別の問題として、暗黙のうちにみんなと同じようにするという同調圧力や、みんなが良いとするものを良いと捉えるバンドワゴン効果と言われる認知のバイアスが挙げられる。多くの場合、マスメディアからの情報は、読者・視聴者の共感を得るために、人間的なストーリー性や情緒的なメッセージを含んでいる。日本人にとり、情報の意味はコンテクストに依存して理解される度合いが強いため、みんなの共感を得ていると考えられる情報は正しいと受け止められやすいのである。

また、「情動感染（Emotion Contagion）」という問題もある。私たちは、日頃の経験から､周囲の人の「喜び」や「怒り」といった感情に影響され、自分も同じような感情に捉えられることがあると知っている。こうした情動感染は、喜怒哀楽だけでなく、第三者の不祥事に対して「けしからん」と感じるような道徳的な感情についても起こる（笹原 2018）。こうした感情を共通のコンテクストとしてある情報が受け取られた時、情報は本来のメッセージにはない意味を持つものとして読み取られることになる。

ここまで、ハイコンテクストな日本人が情報を読み取る際に生じがちな問題を見てきた。情報を正しく読むためには、「テレビで言っているからきっと正しいのだろう」といった予断を持つことや、周りの雰囲気といったコンテクスト依存に陥ることなく、しっかりと情報の根拠や背景となる事実関係を把握することが必要だと言える。

4　ハイコンテクスト vs ローコンテクストなコミュニケーション

次に、ハイコンテクストな日本人とローコンテクストな文化を持つ国民の間での情報のやりとりを例に、コンテクストに依存したコミュニケーションの問題を考えてみよう。最近では、ビジネスや留学、観光など、さまざまな形で外国人とコミュニケーションを取ることも一般的になってきた。将来、あなた自身が外国の企業に勤めたり、外国人の同僚、上司、部下を持つということもあるかもしれない。

ローコンテクストな文化において、日頃、日本人の間で行われている共通のコンテクストに依存したコミュニケーションでは、相手に十分に言いたいことが伝わらない。ハイコンテクストな国民であっても、コンテクスト依存を減らし、論理的かつ丁寧にコミュニケーションを取る＝ローコンテクスト化したコミュニケーションを行う必要がある。

では、日本人や韓国人、中国人といったハイコンテクストの文化を持つ国民の間ではどうだろうか。同じハイコンテクスト文化であっても、コンテクストを共有していなければコミュニケーションは成り立たない。むしろ、共通のコンテクストを持たない、あるいは、利害が相反するコンテクストを持ちながら、互いにそれに気づかず、自身のコンテクストに依存したコミュニケーションに陥ることで、双方の間の誤解が拡大する危険さえある。自分たちだけに通じるコンテクストへの依存から抜け出し、ローコンテクスト化したコミュニケーションを行わなければ、情報の意味を正確に理解し合うことはできない。

国際化した現代では、外国語能力だけでなく、論理的思考力、表現力、説明能力、ディベート力、説得力、交渉力といったローコンテクスト文化に適応したコミュニケーション能力や情報を読む力が必要になる。この点は、海外での出来事に関する情報＝国際情報に接する上でも同様である。

5　今こそ情報分析力を身につけるべき理由

現代はグローバル化の時代である。私たちは、日常的に多くの国際ニュース、海外の情報に接している。この章の冒頭で紹介した新型コロナウイルスの海外での流行と対応に関するニュースも、日本で暮らす私たちにとって大きな関心事であった。ある国では感染拡大に歯止めをかけるため都市封鎖が行われているといったニュースや、大規模な検査の結果、陽性が確認された者の隔離が行われているというニュースを見聞きし、これと比較して日本の対応は大丈夫なのかといった議論が連日のように行われた。経済活動を再開してまもなく再流行が始まった他の国の様子を見て、いずれ日本でも同じような状況が起こるのではないかという不安に駆られる声も聞いた。海外のニュースだからといって、対岸の火事などということはあり得ない。また､世界には､感染症の他にも気候変動や生物資源管理といった地球規模での取り組みが必要な課題もある。ここでも、世界の現状や課題について正しく情報を読み行動することが重要になる。

一方で、こうした国際情報は、ほとんどの場合、実際の状況や背景となる事情を私たち自身で直接確認することのない二次以降の情報である。また、国際情報には、あらかじめ、発信者の意図が込められたものも多くある。メディアから提供される情報にも、さまざまな情報が追加され、情報の歪みが生じる。例えば、テレビのニュースショーでは、あらかじめ定められた筋書きに沿って「専門家」によるコメントがつけ足されたりする。視聴者は、この文脈に沿って情報を理解しようとする。また、実際の内容を理解していない新たな情報についても、これまでに繰り返し耳にしてきた情報をもとに、直観的に意味を理解しようとする。利用可能性ヒューリスティックと言われる現象である。

私たちは、日頃、自分で確認した一次情報だけでなく、多くの二次以降の情報をもとにさまざまな判断を行っている。グローバル化の時代にあって、こうした二次以降の情報をもとに自分たちの考えを作り行動を行う必要は、より大きくなっている。そのため、情報を鵜呑みにすることなく、背景にどのような発信者の意図、文脈がつけ加えられているかを知り、その上で情報の真偽や価値を正しく読み解いていくことが必要なのである。

情報の多様化とそれらの影響

こうした点に加え、現代の多様化したメディア環境・情報環境についても考えておく必要がある。メディアの多様化により、そこで扱われる情報も多様化している。SNSやインターネットにより誰もが情報の送り手にも受け手にもなれる時代である。本章の冒頭でも見た通り、10代・20代の人にとってはインターネットやSNSこそが主要な情報取得のためのメディアになっている。しかし、そこでの情報の中には、出所不明の情報や、内部的な事実確認が行われていないもの、フェイクニュースや情報の発信者が自分の考えに合致する情報のみを切り貼りしたものも含まれる。

人には、「情報を自分の見たいようにしか見ようとしない」認知バイアスがある。確証バイアスと呼ばれるもので、自分の意見や価値観に一致する情報ばかりを集め、それらに反する情報を無視する傾向をいう。さらには、自分の理解と異なる情報に出会った時、一層、自分の考えに固執するようになるバックファイアー効果と呼ばれる現象もある。例えば、イラク戦争前に、アメリカ政府は「イラクに大量破壊兵器がある」と主張していた。戦争後、「大量破壊兵器は見つからなかった」と確認された後も、強硬派の人の中にはそれを受け入れず、「それは米軍の侵攻直前にサダム・フセインが隠したか破壊したからだ」と言い張る人がいるという（笹原 2018, p.55-56）。先に紹介したバンドワゴン効果や同調なども、人と同じようにものを見ようとするという点ではこうした認知バイアスに含まれる。

同時に、インターネットやSNSによる情報環境は、「見たい情報しか見えない」エコーチェンバー（Echo Chamber）でもある。エコーチェンバーとは、「音がこだまする部屋」という意味である。インターネット上では、人は自分の意見や価値観に合ったサイトはよく見るものの、反対する立場のサイトは見ようとしない。こうした傾向に合わせ、情報サイトの検索、閲覧を繰り返し行うと、検索結果として同じような傾向を持つサイトが列挙されるようになる。また、政治的・社会的な意見を含むブログでは、もっぱらリベラル派、保守派といった著者と同様の傾向の意見や記事が引用されているといったこともある。さらにSNS上では、友達の間で情報の真偽が確認されることなく「いいね！」や「シェア」が繰り返され、特定の傾向の情報が共有されやすくなる。つまり、インターネットやSNS上の空間は、世界中につながっているようでいても、ただ自分の見たい情報が反響しているだけの部屋の中にいるようなものなのである。

こうした中で、私たちは、「見たいように情報を見る」「見たい情報しか見えない」という情報環境に陥りがちである。自分の入手した情報は正しいのか、自分は正しく情報を読めているのか、より一層の注意が必要である。また、グローバル化する社会では、私たち日本人も、自分たちだけに通じるコンテクストに頼り情報の意味を読み解くことはできない。暗黙のコンテクスト依存を脱し、背景、文脈を確認しながら情報を検証することが求められる。

与えられた情報を鵜呑みにすることなく、自分の頭で考え、さまざまな情報を分析・評価しながらそれを組み合わせ知識を創造できない者は、グローバル化・デジタル化した未知の世界でやっていけるのか。知識を受け身的に学ぶだけでなく、自らが主体となって知識を分析・評価し、最終的には自分自身の考えを論理的に構築していくことが不可欠である。

そのために、今、私たちは情報分析力を身につける必要がある。

〈参考文献一覧〉

エドワード・T. ホール，1993，『文化を超えて』岩田慶治・谷泰訳，阪急コミュニケーションズ.

エリン・メイヤー，2015，『異文化理解力』田岡恵監修，樋口武史訳，英治出版.

笹原和俊，2018，『フェイクニュースを科学する――拡散するデマ、陰謀、プロパガンダの仕組み』株式会社化学同人.

清水幾太郎，1947，『流言蜚語』岩波書店.

スティーブン・レビツキー，ダニエル・ジブラッド，2018，『民主主義の死に方―二極化する政治が招く独裁への道』濱野大道訳，新潮社.

総務省，2019，『令和元年版 情報通信白書――進化するデジタル経済とその先にある Society 5.0』総務省.

総務省情報通信政策研究所，2018，「平成 29 年 情報通信メディアの利用時間と情報行動に関する調査報告書」総務省.

総務省情報通信政策研究所，2019，「平成 30 年度情報通信メディアの利用時間と情報行動に関する調査」総務省.

フェスティンガー・レオン，1965，『認知的不協和の理論――社会心理学序説』末永俊郎監訳，誠信書房.

門奈直樹，2014，『ジャーナリズムは再生できるか――激変する英国メディア』岩波現代全書.

安田正，1999，『ビジネスコミュニケーションの技術――アカウンタビリティの基本スキルから応用実践まで』ジャパンタイムズ.

第3章

いかに情報分析力を鍛えるか

Information Analysis 5&5の理論的背景

吉田夏帆

1　情報が歪む可能性

(1) 事象が情報として伝わるまでのプロセス

第2章でも述べられているように、私たちに届く情報は、必ずしも無色透明でピュアな情報ではないかもしれない。私たちが受け取る情報は、二次以降のものが圧倒的に多い。ゆえに、私たちの手元に届く頃には、それまでのプロセスにおいて情報そのものが変容してしまっている可能性も考えられる。

そこで、改めて事象が情報として伝わるまでのプロセスを振り返ってみると、次の4つの段階で、情報に歪みが生じ得ることが想像できる。

第一に「情報の取得段階で生じる歪み」、第二に「情報の処理段階で生じる歪み」、第三に「情報の伝達段階で生じる歪み」、そして最後に「全段階において生じる歪み」である（図3-1)。

それでは、それぞれの詳細を順番に見ていこう。

①情報の取得段階で生じる歪み

情報の取得段階で生じる歪みとして、次の2つの事例が挙げられる。まず、ある情報をどの側面や観点から見るかによって、私たち自身の捉え方も変わってくるという問題がある。例えば、アルファベットの「M」の形状をしたブロック体を想像してみてほしい。図3-2に示すように、この

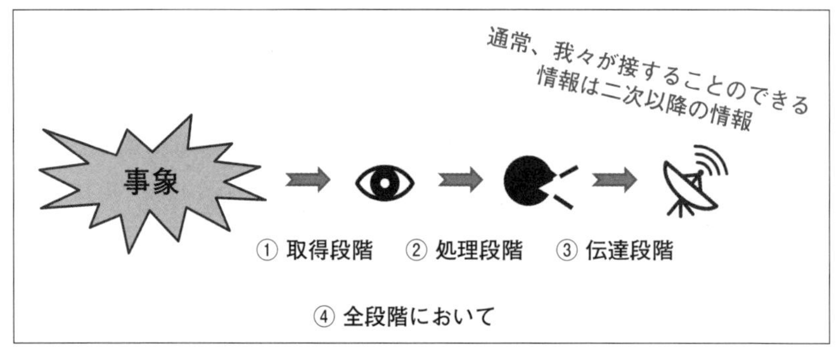

図 3-1　情報が歪む可能性

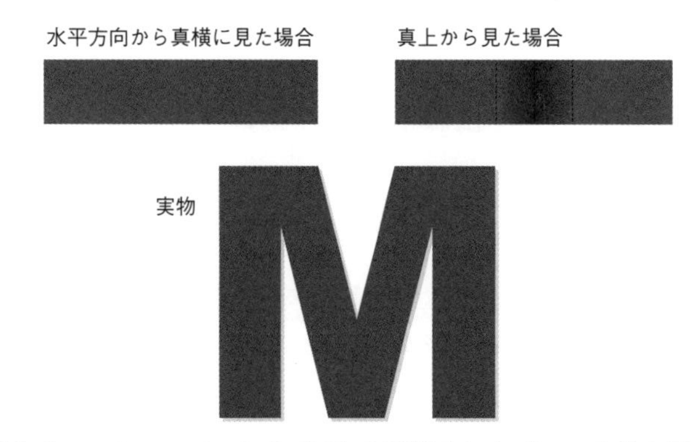

図 3-2　アルファベットの「M」の形状をしたブロック体の見方

「M」を水平方向から真横に見ると、単なる長方形に見える。一方、これを真上から見ると、同じ長方形でも、真ん中の部分にくぼみのある長方形に見える。しかし、実物は単なる長方形でもくぼみのある長方形でもなく、アルファベットの「M」の形状をしたブロック体である。このように、ある情報の偏った一部分のみしか見なかった場合、私たちはその情報の全体像を正しく捉えることができず、情報を歪めて認識してしまうことがある。

また、インタビューやアンケートをはじめとする調査を通じて情報を取得する段階においても、情報に歪みが生じることがある。例えば、子どもの不登校の理由を保護者に尋ねるインタビュー調査で、次のようなやりとりがあったとしよう。

> 質問者：どうしてお子さんは学校に行かなかったんでしょう？
> 　　　　先生が嫌いだったとか？　叱られたとか？
> 応答者：いや、お腹が痛くなったみたいで。
> 質問者：それは、勉強がわからないとか、学校へ行くのが嫌だから痛くなったとかでは？
> 応答者：そうかもしれないけど……。

このインタビューでは、質問者から明らかに誘導的と見受けられる質問が発されていることが窺える。ゆえに、これでは応答者の本当に言いたいことや事実が歪曲され、取得した情報にも歪みが生じてしまう懸念がある。

続いて、ある村の経済的水準を調べるアンケート調査の内容が、次のようなものであったとしよう。

> 問い：あなたの1カ月あたりの収入はいくらですか？
> 回答の選択肢：① 30万円以上、② 20-30万円未満、③ 20万円未満

仮に、あなたが自給自足で生活している農家であればどうだろうか。農作物を売って得られる収入もあるだろうが、それだってサラリーマンのように毎月決まった金額になるわけではないだろう。時期によって豊作の年も凶作の年もある。このように、調査方法が適切でない場合においても、集計値に丸め込まれてしまえば、結果の数値が一人歩きを始めてしまう。

②情報の処理段階で生じる歪み

情報の歪みが生じる処理段階として、「解釈」や「まとめ方」の問題が挙げられる。まず、情報の「解釈」で生じる歪みの事例を見ていこう。

図3-3は、1970年度から2020年度にかけてのある国の一般会計における主な歳出の推移を費目別に示したもので、1970年度を基点としてその後の増加傾向を示している。この図3-3を見て、AさんとBさんは次のようにコメントした。

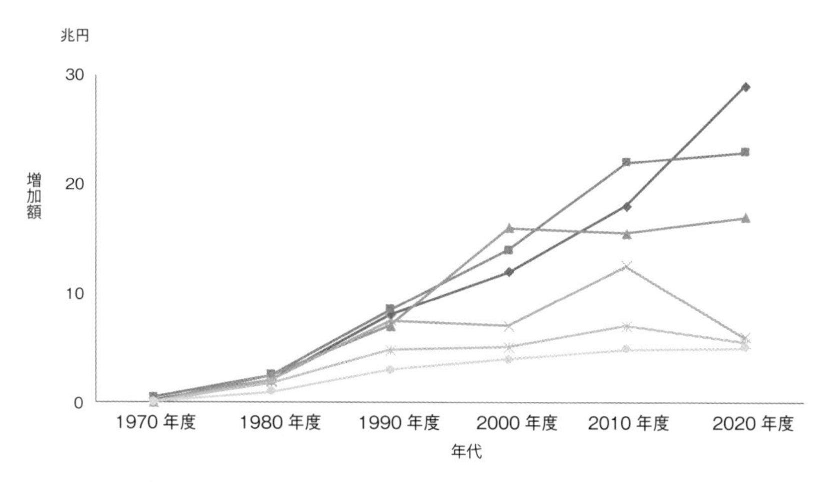

注：本書のサンプル図として筆者が架空の数値を用いて作成。

図 3-3　ある国の一般会計における主な歳出の推移（費目別）

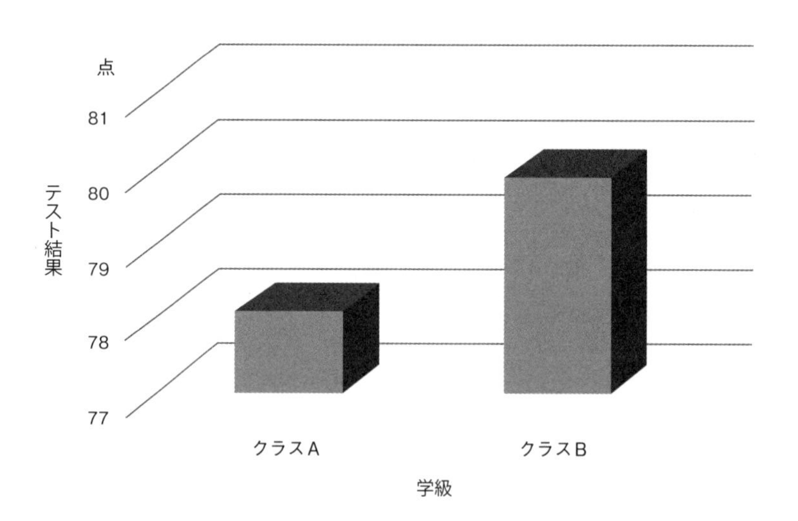

図 3-4　ある小学校の算数テストのクラス平均点

Aさん：年代を経るごとに、社会保障費が増加傾向にある。つまり、この国は福祉分野に力を入れている、国民に寄り添った健全な国である。
Bさん：社会保障費に次いで、国債費も同様に年々増加傾向にある。この国は、社会保障費を国債という借金に依存しており、財政が健全でなく課題を抱えた国である。

このように、同じ情報を見ているにもかかわらず、AさんとBさんはまったく異なる見解を持つに至っている。

続けて、ある小学校の算数テストのクラス平均点を示した図3-4も合わせてご覧いただきたい。一見すると、クラスBの平均点の方が顕著に高く、クラスAよりも優秀な子どもたちが集まっているかのように思える。しかしながら、図3-4を注意深く観察すると、棒グラフの縦軸は77点から81点まで、わずか4点の幅しかなく、実際にはクラスAとクラスBの平均点には100点満点中わずか2点未満の差しかない。

以上のように、同じ情報を見ても解釈が違えば異なる結論に至ることがあり、また統計処理が不適切な場合においては、事実を歪曲して提示してしまう恐れもある。

次に、情報の「まとめ方」で生じる歪みの事例を見ていこう。例えば、「空気中の二酸化炭素が増加している」「世界の平均気温が上昇している」という2つの個別事象があったとする。この2つの個別事象から、AさんとBさんは次のようにまとめた。

Aさん：産業革命以来、二酸化炭素が急増した。二酸化炭素は気温を上昇させるため、地球温暖化が急激に進行している。
Bさん：地球は太陽の黒点活動の影響を受け、もともと寒冷期と温暖期を繰り返している。温暖期には海水温が高くなり、海水中の二酸化炭素が大量に空気中に放出される。

二人とも同じ事象について、科学的な根拠にもとづいて考えているにもかかわらず、まったく異なる情報のまとめ方となっている。

さらに、次のようなケースも見てほしい。

質問：あなたは憲法改正に賛成ですか？
回答結果：賛成が40%、反対が30%、どちらとも言えないが30%

この結果をまとめて報道する時に、「憲法改正に『賛成できない』という回答が、全体の過半数である60%を占めました！」と出せばどういう影響を及ぼすだろう。

このようなまとめ方は、果たして事実を正しく反映していると言えるのだろうか。これらの例からも読み取れるように、情報をまとめる段階で「論理性」や「妥当性」の検討が十分でない場合においては、情報に歪みが生じ、事実が正しく伝わらないという事態を招いてしまいかねない。

③情報の伝達段階で生じる歪み

情報の伝達段階で生じる歪みの原因として、「表現力」「言葉の置換」「勘違い」「誇張（ステレオタイプ化）」などが挙げられる。まず、「表現力」の問題による情報の歪みについての事例を見てみよう。

ある昼下がりの午後、交通事故が発生したとしよう。その現場に遭遇したAさんとBさんは次のように証言した。

Aさん：大きな車が猛スピードで突っ込んできてさ。ちっちゃい子たちをみんなひき殺したのよ。もうあっという間に道路脇まで飛ばされて血だらけよ。ほんと可哀想。ひどいわよね。
Bさん：横断歩道を渡っていた小学生3人がワンボックスカーにはねられてね。運転手はスマホをいじりながら運転していて、前を見てなかったみたい。でも、事故が起きたのが運良く総合病院の前だったから、子どもたちもすぐ病院へ運ばれて応急手当てがされてたよ。

このように、二人とも同じ事態に遭遇しているにもかかわらず、その表現の仕方によって、子どもたちの安否がまったく逆の結果を暗示する情報となって伝達されることになる。

次に、「言葉の置換」や「勘違い」といった問題による情報の歪みの事例を見てみよう。

ある大学寮で、盗難事件が発生し、１千円が紛失したとしよう。

Ａさん：あの時、誰か部屋にいたよ。デイビッドだっけか⁉
↓
Ｂさん：デイビッドが怪しいらしい。
↓
Ｃさん：デイビッドって泥棒らしいよ。
↓
Ｄさん：デイビッドってさ、１万円泥棒したらしいね。
↓
Ｅさん：はーっ⁉　何言ってんの！　デイビッドはお金を盗られた張本人だよ‼（しかも盗られたのは１万円じゃなくて１千円だし！）

このように、情報が人に伝達される段階において「言葉の置換」や「勘違い」が生じてしまい、それによって事実とまったく乖離した情報が拡散されてしまうといったことも少なくない。

さらに、「誇張（ステレオタイプ化）」による情報の歪みの事例を見てみよう。

テレビ：昨夜０時過ぎ、△△大学の学生が酒に酔ってバイクを運転し、歩行者と接触して怪我をさせました。運転していた学生は、通報を受けた警察官に逮捕されました。
視聴者：△△大学の学生ってろくなもんじゃねえなぁ。

他方で、本当に△△大学の学生は全員「ろくなもんじゃない」のだろうか。もしも、あなたが毎日一生懸命勉学に励んでいる△△大学の学生だったらどうだろう。「たまたまその学生が常識外れな人だっただけで、自分みたいに真面目に学業に取り組んでいる学生だってたくさんいるのに！」と反論したくはならないだろうか。このように、情報の伝達段階における誇張やステレオタイプ化ならびに一般化は、受け手に歪んだ情報を提供してしまうことになる。

④全段階において生じる情報の歪み

最後に、前述した①から③の全段階において情報に歪みが生じることがある。それは、情報操作により受け手の意識に働きかけようとする意図が働いている時である。政治や国際分野などに関する情報は、さまざまなステークホルダーたちの意図が複雑に絡み合っている。特に、戦時に流される情報は戦略の重要な部分、つまりプロパガンダとして用いられることが明らかになっている（モレリ 2015)。

第２章でも言及されているように、私たちの周りでも発信者の意図が働いている情報が、実は日常的に飛び交っているのかもしれない。

以下に、最新のニュースを事例に見ていくこととしよう。

(2) ニュースを紐解いてみよう
――「大阪都構想」をめぐる一連の報道を事例に[1]

府市の二重行政構造問題と大阪都構想

まず本題に入る前に、2020年に実施された大阪都構想をめぐる住民投票の背景や経緯を押さえておこう。府市の二重行政構造によってこれまでさまざまな問題が生じてきた大阪では、昭和初期の頃から行政のあり方に

1　「大阪都構想」に関する情報は、「おおさか未来ラボ」のウェブサイトを適宜参照した。https://osakamirai.com/（最終閲覧日：2020月12月6日）その他の参考情報については、匿名性を担保するために、ここでの出典は割愛させていただく。

ついて議論がなされてきた。

バブル経済期の大阪府市は、双方が競い合うようにしてオフィスやホテル、商業施設などの超高層ビルの建設をはじめとする大規模開発が多数計画された。一方、バブル崩壊後にそれらが相次いで破綻し、大阪経済の低迷が危惧されたことなどから、府市の関係や二重行政構造等による諸問題の解決を目指し、大阪全体の状況改善を図ろうとする機運が高まっていった。そして、新世紀を迎えた2001年９月、当時の大阪の府知事と市長が会談し、大阪府市の二重行政構造解消に向けて「新しい大都市自治システム研究会」の発足が取り決められた。しかしながら、その後も府市の意向は一致せず、二重行政構造をめぐる議論は平行線をたどることとなる。

こういった状況が続く中、2008年に大阪府知事に就任した橋下徹氏の登場によって事態はまた変化した。橋下氏は、「大阪都構想」を看板に掲げて大阪府市の二重行政構造の解消を訴えた。そして、2011年４月の大阪府議選・市議選にて第１党の座を獲得し、その後は府知事・市長のダブル選挙でも賛同を得て、松井一郎氏が府知事に、橋下氏が市長に就任した。さらに、2012年には大都市地域特別区設置法が成立し、大阪都構想は法的裏づけも獲得した。

このような一連のプロセスを経て、2015年、政令指定都市の廃止を問う「大阪都構想の実現」に向けた全国初の住民投票が実施された。しかしながら、当時の住民投票では僅差で反対派が上回り、大阪都構想なる政令指定都市の廃止には至らなかった。

それから５年後の2020年の秋、大阪の松井市長と吉村洋文府知事のツートップのもと、二度目の大阪都構想の賛否を問う住民投票が行われた。ここでは、この2020年に実施された二回目の住民投票を取り巻く報道を振り返ってみよう。

2020年の住民投票とメディアの報道

各種調査では、選挙序盤は賛成派がわずかにリードしたものの、選挙中盤には賛成派と反対派が拮抗する状況が続いていた。そして、住民投票まで残すところ約一週間となった10月26日、A新聞から「大阪市４分割ならコスト218億円増　都構想実現で特別区の収支悪化も　市試算」という報道がなされた。その後、このニュースは、B新聞やC放送などの報道機関によっても追報道された。

一方で、その翌日の10月27日、大阪市財政局長は記者会見を開き、「4分割とは4つの『政令市』に分割した場合」と述べた。さらに10月29日には、それらは「単純に大阪市を4つの政令市に分割する簡略な算式での試算であり、実際の交付税の算定ルールにはない考え方にもとづくもの」であるため、「事務分担など今回の特別区の制度設計の内容にもとづいていないことはもとより、試算結果についても実際に有り得ないもの」と説明した。これらの説明を受け、B新聞やC放送は、その後ニュースの訂正を行っている。

なお、住民投票の結果については、直前の調査で賛成派が5%リードしていたものの、最終的には反対派が僅差で上回り、大阪都構想は住民の賛同を得ることはできなかった。

発信者の意図があったか否か

今回の2020年の住民投票をめぐる一連の報道を改めて振り返ってみよう。

大阪市の公式ウェブサイトを見ると、「大阪市財政局が報道機関に提出した資料について」と題する文書の中で、「複数の報道機関から財政局に対し、大阪市を4市に分市した場合の基準財政需要額と大阪市の基準財政需要額との比較について試算作成の依頼があり、新たな特別区制度に即した正確な試算はできないことを前提として機械的に作成し情報提供した」との記載がなされている。

また、D新聞による11月12日の続報記事では、「A新聞の記者が、取材先の大阪市財政局の職員に掲載前の原稿の下書き（草稿）を二度見せていた」というニュースが報じられた。さらに、今回の一連の報道がなされる前の10月23日に行われたテレビ討論会において、野党であるE政党の市議がコストの増加額に関して「218億円」と、のちに報道されることになる数値を正確に挙げていたことについても、疑問を呈する声が浮上している。

以上を踏まえ、改めて全体像を考えてみると、今回の住民投票を取り巻く一連の報道は、誰かしら何かしらの意図が働いた情報が投票直前に有権者に提示されたのであろうか。

民主主義社会では、選挙によって民意が反映されて政治が行われる。その選挙において、「情報」は有権者の意識を左右する重大な影響力を持ち得る。昨今の災害時や新型コロナウイルスの問題においても、デマや意図的な情報はあとを絶たない。そうであれば、私たちが情報分析力を高めることは欠かせないのではないだろうか。

(3) 信頼できる情報とは何か

権威≠信頼

テレビでヤラセ番組が流されることがある。新聞も謝罪記事を掲載することがある。大手のメディアも100％信頼できるわけではない。こういったことは頭ではわかっていても、実は私たちはそれらのメディアの情報をいとも簡単に信じてしまう。特に、社会的に権威があると思われている組織や専門家、著名人から発せられた情報には重きを置いてしまいがちである。これらのことは、日本国内に限らず、国際機関や諸外国が公表する情報についても同様に当てはまり得る。

国際機関と開発途上国の教育統計データ

ここでは、国際機関が取りまとめて広く公表している、開発途上国をはじめとする世界の教育統計データの事例を用いて紹介しよう。

【開発途上国におけるデータ収集】

読者のみなさんは、就学率や留年率、退学率といった教育統計データが、どのように収集・構築されているかご存知だろうか。実は、これらを算出するには、国民の人口と学校に在籍する子どもの人数を把握しなければならない。

まず、国民の人口は正確に把握できるのだろうか。

出生届や死亡届が確実に役所へ届け出られ、住民票の異動もある程度厳格な日本であれば、人口の把握は比較的容易にほぼ正確に得られる。しかし、開発途上国の場合、国民の人口は何十年かに一度行われる国勢調査を待たねばならない。人口増加率が高いので、調査と調査の間の推定値も必ずしも正確とは言い難い。

次に、学校に在籍する子どもの人数把握はどうか。

まず、データの収集段階を見てみると、各国のデータは、基本的に「①学校レベル→②村や地区レベルの教育委員会→③県や州レベルの教育委員会→④国レベルの教育省」というプロセスを経て最終的に国際機関にも共有される。

先進諸国とは大きく状況の異なる開発途上国においては、この①から④までのプロセスは必ずしもスムーズに進むわけではない。少し想像してみてほしい。多くの開発途上国の学校現場では、今もなおノートなどを活用して紙ベースで子どもたちの修学状況が記録されており、データの電子化等は未だ十分に進んでいない。そもそもパソコンやインターネットなどの通信環境はほとんどない（電気すら来ていない学校はたくさんある）。郵便システムなどの運送環境が未整備な状態の国も少なくない。ゆえに、集計したデータを、①学校レベルから②村や地区レベルの教育委員会へ提出するだけでも、先進諸国のように電子メールや郵便による送付は難しく、現実としては、学校の教職員が直接出向いて届けるか、村や地区レベルの教育委員会の職員が各校を回ってデータを回収するかといったことになる。

しかしながら、それ自体もそう簡単にはいかない。開発途上国は交通インフラが十分に整備されていないこともあり、特に地方や僻地になると、学校にたどり着くだけで一苦労というケースも決して珍しくない。そのため、教職員や地域の担当者らが直接出向こうにも、それ自体がそもそも非常にハードルの高いアクションなのかもしれない。

ここで提示したものはほんの一例で、例えば今も続く地域紛争など、開発途上国には実にさまざまな課題が横たわっている。ゆえに、そのような状況下において、果たして最終的にどれほど正確なデータが国際機関に集約されているのだろうか。つまり、国際機関のデータは開発途上国のデータ収集能力の上に成り立っているのである。

【収集したデータの構築】

続いて、データの構築段階についても確認しておこう。上記のプロセスを経て各国から集約されたデータは、国際機関にたどり着いた段階で統計処理にかけられる。1969年以降から現在にかけては、「再構築コーホート法（Reconstructed Cohort Method）」という手法が広く活用されており、その統計処理後のデータを「横断的データ」と呼んだりする。そのようなステップを経て、ようやくユネスコや世界銀行等をはじめとする国際機関から教育統計データが公表される。

他方で、この横断的データはマクロな状況概観には適しているものの、それはさまざまに異なる個々人のケースの融合であり、それが示すのはあくまで平均値の姿にすぎないとも言われている。そのため、横断的データは、必ずしも個々人の現場レベルの実情を反映できているわけではない（關谷 2018）。ゆえに、現場に軸足を置いた研究者らが、自ら現地の学校に赴いて収集した一次データを用いて分析した結果、国際機関のデータが示す状況とは異なる事実が明らかになることもある。例えば、横断的データにもとづく分析では、ある国の小学校における平均在籍年数は4.5年と公表されている一方、実際に個々人に着目した学校レベルの一次データにもとづく分析からは、「小学校を卒業するパターンと低学年で退学するパターンに二極化しており、ちょうどその平均に当たる４年生で退学する子どもはほとんど存在しない」という結果が得られている（Sekiya 2014）。

信頼できる情報とは

確かに、国際機関と聞くと、権威のある信頼性の高い機関と自動的に思い込んでいるかもしれない。しかし、上記で述べてきたことを振り返ると、必ずしも「権威＝信頼」でないことが窺える。

それでは、どうすれば信頼性があるか否かを見極められるのか。――それは、結局のところ、自分自身の頭で事の真偽を分析し、論理的に探求した末につかみ取るしか術がないのであろう。

以下では、その「どうすれば」の部分を解説していこう。

2　情報分析方法

(1) 情報分析の目的

現代社会に生きる私たちは、テレビやラジオ、新聞、雑誌、書籍などのマスメディアをはじめ、インターネットのニュースサイトや口コミサイトなどのウェブメディア、スマートフォンなどからアクセスできるブログやFacebook、Twitter、YouTubeなどのソーシャルメディアなどに囲まれて生活している。そこには知っておきたい有益な情報から、デマやフェイクニュースなどまで玉石混交。中には詐欺紛いの悪意に満ちたものまである。この情報の洪水の中を泳いでいくには、相応のメディアリテラシーを身につけておくことがこれからを生きるすべての者にとって当たり前のスキルと言えるだろう。

しかし、本書で提示されているInformation Analysis 5&5（以下、IA5&5）は、単に情報を読み解くツールにとどまるものではない。論理的思考力を向上させる教育法であり、その目的は単に「情報」を受身的に取捨選択するだけではなく、自らが主体となって「情報」を分析・評価し、最終的には自分自身の考えを論理的に構築していくものである。

これは、アメリカの心理学者、ベンジャミン・S・ブルームが提示した「教育目標の分類学」（Taxonomy of Education Objectives）の「思考力」（Thinking skills）に焦点を当てた分類、ならびにブルームの弟子であるローリン・W・アンダーソンら（2001）が、「記憶する」（Remember）「理解する」（Understand）「応用する」（Apply）「分析する」（Analyze）「評価する」（Evaluate）「創造する」（Create）へと改訂したものと考え方を同じくするものである。

詳細は第7章にて述べられているが、これから世界が向かう知識基盤社会においては、人類にとって最も重要であった「知識」を記憶することではなく、それをいかに用いるかという「知識」あるいは「スキル」が根本的に重要な能力となる。ゆえに、IA5&5 は、これからの人類の学びに関わる基本的手法とも言えるものなのである。

IA5&5 は、まさにこの高次のスキルを取得しようとするものであり、与えられる情報はすべて真実であることを前提とした高校までの調べ学習とは異なる。アメリカから輸入された、裁判での検察側・弁護側の応酬を真似て、ジャッジが勝敗を決めるディベートゲームでもない。情報の分析を通して真実に至ろうとする大学などにおける探究を通した学びの姿勢を身につけることを目指すものである。

ゆえに、この手法を学ぶ者には、グローバル化した社会における情報を分析・判断しようとする姿勢を涵養し、その方法を理解し、実践できることが期待される。

(2) Information Analysis の５ステージ

この手法の全体の流れは、以下のような５つのステージに整理できる。

ステージ１：課題の全体像の把握
ステージ２：キーとなる情報の選択
ステージ３：個別の情報の収集と分析
ステージ４：個別の結果の統合
ステージ５：最終判断に向けての考察

【ステージ１：課題の全体像の把握】

分析すべき情報、あるいはテーマについて、まずはインターネットで調べることにより、その課題のざっくりとした全体像を把握する。

【ステージ２：キーとなる情報の選択】

1) 課題を検証するにあたって、キーとなりそうな情報は何かに見当をつける。
2) それらのキーとなりそうな情報を検証するのに必要な文献等のリストを作成する。

3) 一つのキーとなりそうな情報に対し、必ず３つ以上の文献等をリストアップしておく。たまたま手にした文献が唯一有力な情報源である保証はない。なお、それぞれの文献は、インターネットの書評などを参考に選択するのが効率が良い。

【ステージ３：個別の情報の収集と分析】

1) 図書館にて個別の文献等を収集する。
2) 各文献を手にしたら、まず「まえがき」「はじめに」「序論」などで、文献に書かれている内容を確認する。
3) 内容に必要な情報が含まれると判断された場合、次は「目次」で該当箇所を確認し、必要な部分に目を通す。
4) 必要な情報が確認された場合、その情報について以下の５アクションを行い、記録に残す。

① 根拠の検証
② 背景の把握
③ 利害関係の把握
④ 論理性・妥当性の検証
⑤ 三角検証

一つのキーとなる情報につき、リストアップした文献すべてに、このステージ３の作業を繰り返す。

ステージ３：個別の情報の収集と分析を行う生徒

5）三角検証で使う情報についても、このステージ３の作業を行う。
※ ５アクションについてはこのあとに詳細を記述するので、そちらを参照のこと。

【ステージ４：個別の結果の統合】

1）ステージ３で記録されたすべての結果を論理的に統合し、仮の結論を導く。
2）個々の情報が整合的に組み上がらないことや、情報同士が対立し合うことが起こる場合は､情報の解釈がイデオロギーなどによって偏ってないか、特定のメンバーの意見ばかりに振り回されていないかなどの振り返りが必要である。
※ 他のキーとなる情報が漏れていることが明らかな場合は、ステージ２に戻って追加作業をやり直す。

【ステージ５：最終判断に向けての考察】

1）ステージ４で得られた仮の結論について以下の５アクションを行い、総合的な判断として最終結論を導き出す。
2）ここでの５アクションは、次の表3-1に整理した通り、ステージ３における個別の情報分析に対する５アクションとは異なり、仮の結論に対して行う。

①　根拠の検証
②　背景の把握
③　利害関係の把握
④　論理性・妥当性の検証
⑤　三角検証

※ 他のキーとなる情報が漏れていることが明らかな場合は、ステージ２に戻って追加作業をやり直す。

(3) Information Analysis の５アクション

５つのアクションについては以下の通りである。

1）根拠の検証
・そのニュースのニュース・ソースは何か
・どこの、誰の、どういう情報か
・信頼に値するものか
・データの入手方法は妥当か
2）背景の把握
・情報のターゲットになっている特定個人、団体、国家などは、どういう背景を持っているか
・情報に扱われている事象は、どういう背景や状況を伴っているか、信頼に値するものか
3）利害関係の把握
・情報に扱われている事象には、どのようなステークホルダーが関わり、それぞれどのような利害関係にあるか
・この情報が流れることで、誰がどういう影響を受けるか
4）論理性・妥当性の検証
・情報の解釈に妥当性があるか、筋は通っているか
・偏った立場からの見方になっていないか
5）三角検証
・他の方法で、その情報が述べていることを検証する方法はないか
・手にした情報を別の角度から、あるいは別の手法によって確認できないか

ステージ３と５における５アクションの違い

①根拠の検証を除き、両ステージでのアクションの違いは、次の表 3-1 にまとめている通り、「個別の情報」についての検証なのか、「仮の結論」についての検証なのかである。

表 3-1　異なるステージの５アクション

5アクション	ステージ３：個別の情報の分析	ステージ５：仮の結論の検証
①根拠の検証	出典や信憑性を確認	出典のバランスを確認
②背景の把握	個別の情報に関係する背景情報を検証	仮の結論に関係する背景情報を検証
③利害関係の把握	個別の情報に関係する利害関係を検証	仮の結論に関係する利害関係を検証
④論理性・妥当性の検証	個別の情報の論理性・妥当性を検証	仮の結論の論理性・妥当性を検証
⑤三角検証	個別の情報を別の情報から検証	仮の結論を別の情報から検証

※根拠の検証については以下の通りである。

ステージ３：個別の情報の分析

・出典の確認：その情報のソースは何か／どこの、誰の、どういう情報か
・信憑性の確認：その情報は信頼に値するものか／出典の組織はどういう組織か／著者はどういう人か／データの入手方法は妥当か／対象は偏っていないか／データ数は十分か

ステージ５：仮の結論の検証

・出典のバランス：ウェブ情報に偏っていないか／日本語文献に偏っていないか／同じ出典ばかりに頼っていないか／関係者、関係国に偏りがないか／イデオロギーに偏りなく引用できているか

プレゼンテーション

IA5&5 においては、特別なプレゼンテーションのノウハウを提供することはない。むしろ、真実を見つけ出すことを重要視しているため、視聴者の意識を意図的に誘導するようなプレゼンテーションは避けるべきと指導する。第５章で評価に関する説明を行うが、プレゼンテーション技術やノウハウは評価対象には含まれていない。

他方で、自らが主体となって「知識」を分析・評価し、最終的には自分自身の考えを論理的に構築していくためには、自分たちの思考のプロセスを明確に表現することが重要である。そのことで、自分たち自身で自ら

の思考の論理性を客観視でき、視聴者に正確に伝えることで評価というフィードバックが正しく得られるからである。

最低限の指導として徹底するのは次の点である。

・自分たちの到達した判断（結論）を明示するために、情報の引用と自分たちの考えは明確に線引きする
・そのために、どの発表資料にも必ず出典を明記する
・発表時には必ず「……によれば……である」「……は……と述べている」と引用部分を述べ、自分たちの判断（結論）は「私たちは……と考える（判断する）」と述べる
・判断（結論）は必ず論理的に妥当な判断材料にもとづいて行われる必要があるので、妥当な根拠を論理的に解釈した上で、判断（結論）を述べる

〈参考文献一覧〉

アンヌ・モレリ，2015，『戦争プロパガンダ 10 の法則』永田千奈訳，草思社.

關谷武司，2018，「はじめに——個々の子どもたちに着目した、修学実態分析の意義」關谷武司編『開発途上国で学ぶ子どもたち』関西学院大学出版会，3-13.

Anderson, L.W., & Krathwohl, D. R. (Eds.) (2001). A taxonomy for learning, teaching, and assessing: A revision of Bloom's Taxonomy of Educational Objectives, New York: Longman.

Sekiya, T. (2014) , Individual patterns of enrolment in primary schools in the Republic of Honduras, *Education 3-13: International Journal of Primary, Elementary and Early Years Education, 42* (5), 460-474.

第4章

Information Analysis 5&5の実践例

江嵜那留穂
吉 田 夏 帆
安井志保美

Information Analysis 5&5（以下、IA5&5）を授業として実施するには、どのように行えばいいのか。本章では、関西学院大学（以下、関学）において2011年度より開講されている「国際情報分析」という授業を例に、その実践方法について紹介する。本授業は、全学部生を対象としており、1年生から受講することが可能である。1クラスあたりの定員は24人であり、2020年度時点において各学期合計5クラス開講されている関学の中でも人気の高い授業の一つとなっている。

1　授業の全体的な流れ

合計14コマの授業は、第1回から第6回までの第1ラウンド、第7回から第10回までの第2ラウンド、そして第11回から第14回までの第3ラウンドの3部構成となっている（表4-1）。ここでは、各ラウンドにおける作業の流れについて概説したのち実践例を用いて詳説する。

(1) 第1ラウンド：集中演習形式・特定課題分析

受講生にとって初めての情報分析となるため、第1ラウンドは教員から直接指導を受けながら、5つのステージと5つの分析アクションを学び、実践する。形式的には「集中演習形式」を採用する。

まず第1回の導入では、情報分析力を鍛えるべき理由を、世界と日本の歴史的・文化的背景から考え、本授業の目的や到達目標を理解する（第2

章参照)。その上で、情報が歪む可能性や情報分析方法について学び（第3章参照)、サンプルのプレゼンテーションを視聴する。

このプレゼンテーションは教員によって行うが、これまでの授業で学生たちが行った分析の中から高評価のものを使用することを推奨する。この時、教員は単に内容を説明するだけではなく、「ここは、出典が抜けていますね」「このスライドでは、上手に三角検証が行えています」「文献に偏りが見られますね」などと適宜解説を入れ、ポイントを押さえていく。具体例を示しながら解説することにより、受講生の理解は深化すると同時に、分析結果のまとめ方のイメージを持つことができる。

第2回からは、第3章にて説明されている5ステージ＆5アクションを実際に教員にサポートされながら開始する。第1ラウンドは、テーマが事前に与えられる特定課題分析である。4つのテーマの中から各人が興味関心のあるものを選択し、分析グループA、B、C、Dに分かれる。そして、これ以降の作業はグループワークとなる。各ステージにおいて、教員からの問いかけやアドバイスを受けながら、受講生は自分の頭で考え、グループメンバーと議論し、情報分析のプロセスを踏んでいく。そして、分析結

表4-1　授業計画

回数	形式	内容
第1回	第1ラウンド 集中演習形式 特定課題分析	導入・情報分析方法の説明
第2回		ステージ1・2
∫		ステージ3
		ステージ4・5
		プレゼンテーションの作成
第6回		すべての分析グループによる発表
第7回	第2ラウンド 完全反転学習形式 自由課題分析	分析グループAによる発表
第8回		分析グループBによる発表
第9回		分析グループCによる発表
第10回		分析グループDによる発表
第11回	第3ラウンド 完全反転学習形式 情報発信体験	インタビュー調査
第12回		結果分析
第13回		最終発表　分析グループA・B
第14回		最終発表　分析グループC・D

果をまとめたプレゼンテーションの作成もグループメンバー全員で行う。第１ラウンド最後の全分析グループの発表では、視聴者によるプレゼンテーションの評価および分析グループ内の相互評価、ならびに教員からのフィードバックを実施する。このように、第１ラウンドでは教員が受講生に寄り添いながら、きめ細かな指導を行うことにより、受講生は実体験を通して情報分析を理解し、そのスキルを修得していく。

(2) 第２ラウンド：完全反転学習形式・自由課題分析

受講生の主体性や能動的探究を促進するために、第２ラウンドは「完全反転学習形式」にて実施する。各分析グループは、自分たちが主体となってステージ１からステージ５およびプレゼンテーションの作成までを授業外にて行う。二回目の分析となるため、テーマも自分たちで決定する（※テーマは、抽象的で大きなものを選択する傾向があるので、事前に教員と相談の上、決定することが望ましい）。そして、授業内にて発表を行い、第１ラウンドと同様、視聴者によるプレゼンテーションの評価および分析グループ内の相互評価に加え、教員によるフィードバックが実施される。

(3) 第３ラウンド：完全反転学習形式・情報発信体験

ここまでは、受講生は情報受信者の一人として、さまざまな情報の分析に取り組むが、最後の第３ラウンドでは、逆の立場、すなわち情報発信側に立つ。ここでは、特定のテーマに関してインタビュー調査をグループ単位で実施し、その結果をもとに視聴者に提示するプレゼンテーションを作成する。単に調査結果を報告するという発表ではない。情報操作を実体験するのである。詳細については、「第３ラウンド：完全反転学習形式・情報発信体験」で後述する。

このように、本授業では集中演習形式と完全反転学習形式をバランスよく組み合わせることによって、受講生の情報分析力と主体性を鍛えている。受講生にとっては、作業量が多く大変な思いをするが、この手法によって確実に高次思考力が身についていく。

それでは以下に、各ラウンドにおける実践例を紹介していく。

2　第1ラウンド：集中演習形式・特定課題分析

第1ラウンドの集中演習形式・特定課題分析では、担当教員は学生たちの情報分析実践を近くで見守り、問いかけやアドバイスを行うなどして適宜サポートする。そうした中で、学生たちは、自分自身の力で情報分析を実施できるよう実践を通して学んでいく。また、この第1ラウンドの集中演習形式・特定課題分析は、アシスタント学生を投入してより手厚いサポート態勢を整えることで、高校生に対しても実施が可能となる。

そこで以下では、高校生への応用実践の可能性も想定し、2020年1月にノートルダム女学院高等学校グローバル英語コースの2年生を対象に実施されたケースを用いて、その実践例を詳説する。具体的には、実際に同実践でアシスタントを経験した筆者らの視点から、ある一つの高校生グループの一部始終を追い、「5ステージ＆5アクション」の流れに沿って

表4-2　宿泊を伴う集中演習形式での特定課題分析の実践スケジュール

実施日	時間	活動内容	活動場所
一日目	10:00-11:00	講義：導入・情報分析方法の説明	関学パソコンルーム
	11:00-12:30	ステージ1:課題の全体像の把握（課題のテーマ決めと課題の概略調査） ステージ2：キーとなる情報の選択	
	12:30-13:10	昼食	関学食堂
	13:10-17:00	ステージ3：個別の情報の収集と分析 ステージ4：個別の結果の統合	関学図書館とパソコンルーム
	17:00-19:00	スポーツセンターへ移動 夕食・入浴	関学スポーツセンター
	19:00-23:00	ステージ4の続き ステージ5：最終判断に向けての考察 （結論の導出とプレゼンテーション作成）	
	23:00	消灯	
二日目	7:00-9:00	起床・朝食 スポーツセンター退所	
	9:00-11:00	プレゼンテーション最終確認 最終成果発表 相互評価・講評	関学パソコンルーム
	11:00	解散	

リアルな実践現場を紹介する。なお、本事例の合宿形式での実施スケジュールも参考までに表 4-2 にまとめて掲載しておく。

まず導入として、担当教員より、情報分析力を鍛えるべき理由（第 2 章参照）や情報が歪む可能性および情報分析の方法（第 3 章参照）についての説明が行われる。

(1) ステージ 1：「課題の全体像の把握」

【課題のテーマ決め】

アシスタントを担当する 4 人の学生から、次の 4 つのテーマが提示される。

「真珠湾攻撃はルーズベルトの陰謀か？」
「北方領土は日本固有の領土なのか？」
「人口減少社会において外国人労働者は救世主になり得るか？」
「イギリスの BREXIT は国内の政治問題が根底にあるのか？」

参加生徒たちは、グループごとに取り組みたいテーマを相談する。希望するテーマが重複した場合には、じゃんけんで決める。その結果、今回筆者がアシスタントを担当した「真珠湾攻撃はルーズベルトの陰謀か？」の課題には、明るく活発な 6 人のメンバーが集まった。

【課題の概略調査】

インターネットを活用した概略調査に入る前に、まずは生徒たちが今回の課題についてどの程度の基礎知識を有しているかを確認する。すると、「真珠湾攻撃って何やっけ？　第二次世界大戦と関係があったような……」「ルーズベルトって誰？　大統領⁉」「そもそもこれっていつ頃に起こった話なんやろ……？」といった回答が返ってくる。一人の歴史に詳しい生徒を除き、グループメンバーの大半は「聞いたことはあるけど、何だっけ……」と、少し戸惑っている様子であった。

そこで、グループメンバー間の基礎知識量の差を解消するためにも、まずはインターネットで課題の基本用語を調べてみようと伝える。

「真珠湾……、『パールハーバー』のことか！　ハワイにあるんやって」「真珠湾攻撃は『日本の奇襲』って言われてて、これがきっかけで太平洋戦争が始まったみたい」「太平洋戦争ってことは、第二次世界大戦とも関係ありそうね」「ルーズベルトって調べたら３人くらいヒットしたけど、その第二次世界大戦中にアメリカの大統領を務めてたのが『フランクリン・D・ルーズベルト』やわ！」

基本用語の確認がある程度できたところで、次は課題の概略調査に移る。具体的には、「いつ」「どこで」「誰が」「どのように」「何をしたか」の5W1Hを意識しつつ、インターネットで課題に関する情報を調べてみるよう促す。あわせて、調べた結果を随時ホワイトボードに書き出すことも提案する。こうすることで、グループメンバー全員で課題の全体像を俯瞰できるようになる。生徒たちは協力し合って、パソコンと向き合いながら課題の関連情報の収集を進めていった。

(2) ステージ２：「キーとなる情報の選択」

ステージ２では、「課題を検証するにあたってキーとなる情報は何か」について見当をつけていく。今回の課題「真珠湾攻撃はルーズベルトの陰謀か？」の場合、それを検証するにあたってキーとなるポイントは、主に次の３点である。これらの点は、高校生に対してはホワイトボードを概観しながら、アシスタントから問う形式で導き出す。

①ルーズベルトは事前に日本からの攻撃の可能性を察知できていたか？
②太平洋戦争（日米間の戦争）が始まった理由は何か？
③真珠湾攻撃や太平洋戦争に関連する国や人物はどうか？

①については、真珠湾攻撃がルーズベルトの陰謀であるかを検証するには、まず彼自身が、事前に日本からの攻撃の可能性を察知できていたか否かが鍵となる。なぜなら、そもそもルーズベルト本人がその可能性を知ら

課題の概略調査

キーとなる情報を書き出す生徒

ないことには､陰謀を企てることすら不可能だからである。②については、「太平洋戦争はどういう経緯で、なぜ起こったのか」を知ることは、「なぜ真珠湾攻撃が発生したのか」を理解することにつながるため、これも外せないポイントである。③については、今回の課題が日米の二国間のみの事象なのか、あるいは他にも関与していた国があったのかによって、分析対象とすべき範囲も変わってくる。ゆえに、真珠湾攻撃や太平洋戦争などを取り巻く諸外国の動きも留意すべき点と言える。

生徒たちの課題の概略調査がある程度落ち着いた段階で、一旦これまでに挙がったキーワードや情報をグループメンバー全員で確認していく。

この時点で生徒たちから挙がっていたキーとなる情報を見ると、①については、だいたい触れられているようであった。一方、②や③についてはまだ情報が不足していたため、「日本やアメリカ以外で関係していた国ってあるかな？」「一度、課題のテーマ名をそのまま検索に放り込んで調べてみるのはどう？」などといった問いかけや声かけを行い、追加のキーとなる情報の検索を促す。

このようなプロセスを経て、一通り課題検証に必要なキーとなる情報の収集を終えると、続いてそれらの情報を項目ごとにまとめて整理する。そうすることで、次のステージ３において、図書館などでの文献収集を円滑に進めることが可能となる。

(3) ステージ３：「個別の情報の収集と分析」

【文献（情報）の収集】

食堂でのランチタイムを挟んだのち、今度は大学図書館へ移動する。

グループメンバーで役割分担を決め、ステージ２で整理したキーとなる情報をもとに、文献の検索・収集を行う。生徒たちには、まずは一人につき3-5冊ほどを目安に文献を収集するよう伝える。

大学図書館を歩き回ってそれぞれ目当ての文献が収集できた段階で、グループメンバー全員で一旦集まり、収集した文献を共有し合う。そして、「キーとなる情報は広く網羅できているか？」や「収集した文献の種類や内容に偏りはないか？（イデオロギー的に偏った文献ばかりを選んでしまっていないか？）」といった点に留意し、課題の検証に必要となる文献が十分に収集できているかをみんなで確認していく。この時、キーとなる文献が不足している場合、担当教員やアシスタントは「このキーワードで文献検索してみた？」などの問いかけを行い、追加の文献収集を促す。

なお、参考までに、実際に生徒たちが借り出した主な文献も以下に掲載しておく（※ 網掛けされている文献は、アシスタントの声かけによって追加で借り出すこととなったものである）。

小沢弘明，1991，『ヤルタ会談と鉄のカーテン』岩波書店．

ビーアド, 2012,『ビーアド「ルーズベルトの責任」を読む』開米潤編, 藤原書店.
窪田明, 2005,『真珠湾攻撃――気になる若干の事柄』冬至書房.
須藤眞志, 1999,『日米開戦外交と「雪」作戦 ハル・ノートを書いた男』文藝春秋.
須藤眞志, 2004,『真珠湾〈奇襲〉論争 陰謀論・通告遅延・開戦外交』講談社.
ハーバート・フーバー, 2017,『裏切られた自由（上)』ジョージ・H・ナッシュ編, 渡辺惣樹訳, 草思社.
ハミルトン・フィッシュ, 2017,『ルーズベルトの開戦責任』草思社.
ロバート・B・スティネット, 2001,『真珠湾の真実――ルーズベルト欺瞞の日々』妹尾作太男監訳, 荒井稔・丸田知美共訳, 文藝春秋.
矢口祐人・森茂岳雄・中山京子, 2007,『入門 ハワイ・真珠湾の記憶』明石書店.
渡辺惣樹, 2017,『誰が第二次世界大戦を起こしたのか フーバー大統領「裏切られた自由」を読み解く』草思社. etc.

【情報分析①:ルーズベルトは真珠湾攻撃を事前に察知できていたか？】

大学図書館から大量の文献と共にパソコンルームに戻ってくると、いよいよ個別の情報の分析に取りかかる。まずはキーとなる情報①「ルーズベルトは真珠湾攻撃を事前に察知できていたか？」の検証に向けて、生徒たちはその根拠となりそうな情報を文献から探し出す。

「パープル暗号っていうのが戦争中に日本が使用していた外交暗号らしい」「でもそれって、この文献によればアメリカに解読されてたみたいやで」「見て！　こっちの文献には『ルーズベルトからチャーチルに真珠湾攻撃を暗示するような電報があった』って書いてある！」――このように根拠を探していく中で、生徒たちは「どうやらルーズベルトは真珠湾攻撃が起こることを事前に予測していたようだ」と考えるに至る。

【情報分析②：真珠湾攻撃はアメリカが日本に仕向けたもの⁉】

上述の通り、ルーズベルトが事前に日本からの真珠湾攻撃を予想できていたのであれば、なぜそれを止められなかったのか。あるいは、端から止める気なんてなかったのか。この疑問を検証するべく、次に生徒たちはルーズベルト自身に焦点を当てて情報を分析していく。「この本によれば、ルーズベルトって平和主義者やったみたい」「でも待って、インターネットでルーズベルトって調べると、『裏の顔』とかも出てくるんやけど……」「『アメリカ、裏口参戦』って何!?」――対立する情報を前に、混乱するメンバーも出てきた。

そこで、「ルーズベルトって大統領の任期中に、どんなことをやってきた人なんやろう？」「『ニューディール政策』とかって調べてみた？」「当時のアメリカってどんな状況やったんかな？　社会や経済の状態は？」「そもそもアメリカって、いつから第二次世界大戦に参戦したんやろう？知ってる？」といったように、ルーズベルト自身のみならず、彼を取り巻く「背景」にも目を向けさせられるよう問いを投げかける。また、「ハル・ノート」など、真珠湾攻撃が起こったきっかけに関連する他のキーとなる情報についても、すでに調べられているかどうかを合わせて確認する。そして、生徒たちにさらなる分析を促す。

それぞれに分析を進めていく中で、「どうやら真珠湾攻撃は日本の奇襲ではなく、アメリカがそうなるように仕向けたのではないか」という可能性が高まってきた。

【情報分析③：他の国との関係は？】

生徒たちが自分たちなりに情報を分析した結果、「ルーズベルトは事前に真珠湾攻撃が起こることを知っていたようだ」「しかも、アメリカが日本に真珠湾攻撃を仕向けるようなことがあったこともわかってきた」――「つまり、真珠湾攻撃はルーズベルト（アメリカ）の陰謀だ！」と結論づけた。しかし、実はまだこの時点では、ステージ３の５アクションとして「背景の把握」や「利害関係の把握」などが十分になされていない。それゆえ、導き出された結論も、日米間のみの問題として完結してしまっている。

そこで、「やった！　課題が検証できた！」と喜ぶ生徒たちを前に申し訳ない気持ちになりながらも、さらなる問いを投げかける。

「最初の方でさ､みんなでキーとなる情報を調べた時に､頻繁に『チャーチル』って人物が出てこなかった？」「しかも、ルーズベルトって、そのチャーチルに電報を送ったりしてたんだよね⁉」「チャーチルってどこの国の人？　ルーズベルトとどんな関係があったんやろう？」――「言われてみれば、確かに……」舞い上がったのも束の間、生徒たちは再び情報の分析に戻る。

「チャーチルって､当時のイギリスの首相やって！」「え⁉　ってことは、真珠湾攻撃にはイギリスも関係してたってこと……？」「アメリカと日本だけの問題じゃないの⁉」――少しずつ、彼女たちの分析が縦と横に広がりを見せてきた。

【情報分析④：さらなる黒幕の登場⁉　ソ連や中国、共産主義の存在】

生徒たちは､「チャーチル」から芋づる式に、当時の日本と「日独伊三国同盟」を結んでいたドイツやイタリアとの関係にもたどり着き、課題に関する背景や利害関係の把握もいよいよ充実してきた。

ステージ３の「個別の情報の収集と分析」も終盤に差しかかった頃、改めて生徒たちに問いかける。「いろんな国とのつながりも見えてきたね」「じゃあ、第二次世界大戦が終わったあと、世界はどうなったんやろう？」「この戦争で、最終的に利益を得たのって誰なんかな？」

これを受けて、生徒たちは「戦争が終結したあと」に焦点を当てて分析を進めていく。

すると、生徒たちから次のキーとなる情報が上がってきた。「『ヤルタ会談』って、第二次世界大戦後の世界をどうするか話し合った会議みたいやねんけど、これにルーズベルトやチャーチルだけじゃなくて、『スターリン』って人も参加してたみたい……」「スターリンって当時のソ連のトップやん！」「こっちの文献にはコミンテルンや共産主義も関与してたって書いてあるで」「ってことは、このテーマにはソ連に加えて、他の共産主義の国まで関係してるかもしれないってこと……⁉」――実は、「ソ連」や「コミンテルン」といったキーワードは、ステージ１の段階ですでに生徒たちから上がってきていた。他方で、今回の課題はさまざまな国のステークホルダーたちが重層的に関係していたため、初めの分析段階でいきなりこれらのキーとなる情報から踏み込むと、生徒たちが盛大に混乱してしまうのではないかという懸念があった。ゆえに、初期段階では「ソ連」や「コミンテルン」といった情報は特に深掘りさせず、あえてこの終盤まで寝かせていたのである。

生徒たちに目をやると、真理を追究するべく、ひたむきに情報と向き合い分析を続けている。午前中には真っ白であったホワイトボードも、今やたくさんの情報で埋め尽くされつつあった（写真参照）。

(4) ステージ4：「個別の結果の統合」

パソコンルームの壁にかかった時計に目をやる。時間も迫ってきた。「そろそろステージ4『個別の結果の統合』に移ろうか」――ステージ3の「個

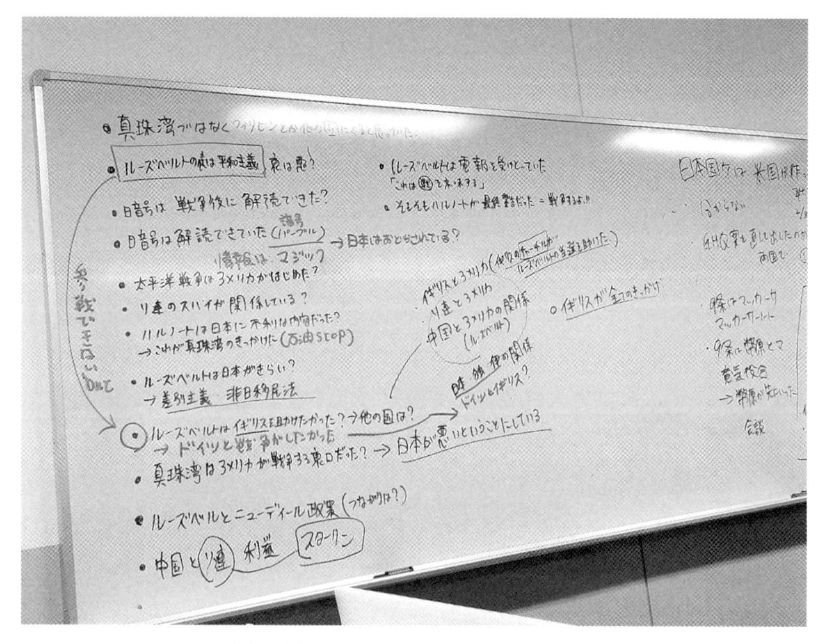

情報が整理されていくホワイトボード

収集した文献を読み込む生徒たち

個別の情報について議論

別の情報の収集と分析」の目処がつき始めた頃合いを見計らい、生徒たちに声をかける。

生徒たちは、それぞれに検証した個別の結果を持ち寄り、それらを突き合わせて統合する作業を始める。そうとは言え、あまりに情報量が多く、みんなどうやって各検証結果をつなぎ合わせていけばいいのか、混乱して

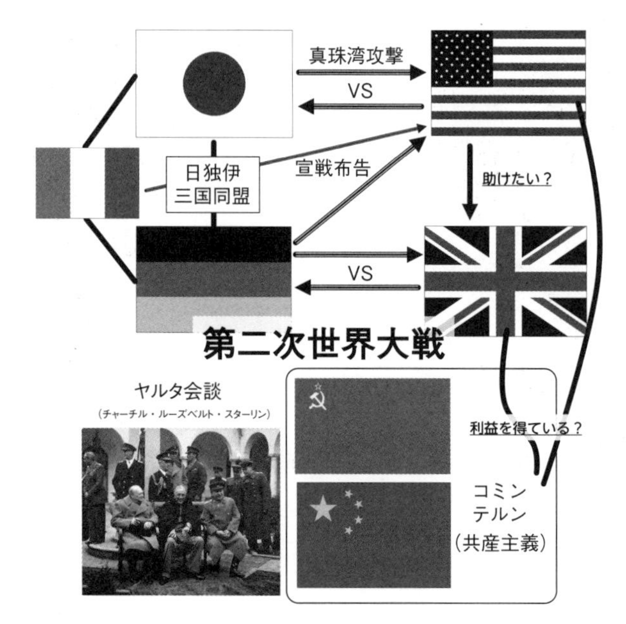

図 4-1　生徒たちの思考のプロセス

いる様子であった。そこで、まずは各情報を時系列に並べて整理してみることを提案する。そうすることで、各事象が発生した順番が明確になり、事象間の因果関係も見つけやすくなるためである。また、当事国ごとに分類して情報を整理することも、ステークホルダー間の利害関係の把握が容易になるためお勧めである。

スポーツセンターへ移動したあと、夜が深まってきてもなお、生徒たちは真剣に情報と向き合い、探求を続けていた。

(5) ステージ5：「最終判断に向けての考察」

ようやくステージ4「個別の結果の統合」が完了した。いよいよ最後のステージ5「最終判断に向けての考察」に移る。ここではステージ4で得られた仮の結論について再び5アクションを行い、グループ全体の総合的な判断として最終結論を導き出していく。「根拠となる文献に偏りはないか」「背景や利害関係の把握は十分にできているか」「最終結論の論理性や妥当性はどうか」「三角検証で結論の最終チェックを行おう」――生徒たちは、ステージ5の5アクションのステップに倣い、グループ全体での最終結論に向けて考察を深める。教員やアシスタントはその過程を見守り、決して答えを提示することはないけれども、一方で彼女たちの様子を観察しつつ必要に応じて助け舟を出す。

そうしてようやく、生徒たちは課題の最終結論を導き出すに至る。ここからがもう一踏ん張り。翌朝の15分間の最終成果発表に向けて、これまでの検証結果を全員で協力してパワーポイントのスライドに落とし込んでいく。

「論理の展開は妥当か」「矛盾はないか、飛躍してないか」「文献からの情報と自分たちの考えはきちんと線引きできているか」「出典のつけ忘れはないか」など、それぞれが意識し、一つずつ情報を積み上げていった。

(6) 最終成果発表と今後の学びに向けて

「おはよう。よく眠れた？」――眠そうな目をこすりながら、部屋から出てくる生徒たちに声をかける。「いえ、あんまり……」明け方まで発表準備に取り組んでいたようである。スポーツセンターでの朝食を終え、初日に作業したパソコンルームへ向かう。発表までの残りわずかな時間、生徒たちは真剣な眼差しでパワーポイントの最終確認を行っている。「あー、緊張してきた！」どうやら疲れよりも緊張の方が大きいみたいである。

いよいよ彼女たちの発表の時間。初日の朝、「聞いたことはあるけど何だっけ……」と首をかしげていた高校生たちが、今や見違えるほど堂々と自信を持って自分たちの分析結果を発表する姿が、そこにはあった。

「今回、情報分析を体験してみてどうだった？」――すべての発表が終了したのち、改めて生徒たちに問いかける。「めっっっちゃ疲れたけど、でもめっっっちゃ楽しかった！」「おもしろかった!!」生徒たちは口々にそう答えた。さらに続けて、彼女たちはこうも言った。「今回の課題って、このあとどうなるの……？」――今回の二日間の情報分析合宿において、彼女たちは「ルーズベルトの陰謀論には、アメリカやイギリスなどだけでなく、どうやらソ連や中国、共産主義系のスパイたちも関与していたようだ」というところまでたどり着いていた。しかし、その黒幕たちが、具体的に誰がどのような形で関係していたのかという点までは、タイムオーバーで分析しきれなかった。だけど、この先がどうなっているのか知りたい。私たちを導いてくれたアシスタントの先輩なら、きっともっと先のことまで知っているはず。そういう想いから発せられた言葉のようである。

そこで、自分が大学の情報分析の授業で作成したパワーポイントファイルを開いた。「え！スライド 70 枚……⁉」「私たちが作った量の倍以上ある！」生徒たちは、まずそのスライド枚数の多さに圧倒されたようだ。興

校長先生による講評

頑張り抜いたあとの解放感

味津々といった様子でパソコン画面を覗き込む。「もっと知りたい？　じゃあ、続きは大学でね」——今後も彼女たち自身の力で真実の探究を続けてほしいという願いから、自分が作成したスライドはチラッと見せる程度で終えることにした。

3　第２ラウンド：完全反転学習形式・自由課題分析

ここからは、関学の授業「国際情報分析」に話を戻そう。第２ラウンドは完全な反転学習となるため、ステージ１の「課題の全体像の把握」からステージ５の「最終判断に向けての考察」、そしてプレゼンテーションの作成までを授業外にて行わなければならない。授業内では、毎週各分析グループが40分程度の発表を行い、その発表に対する視聴者によるプレゼンテーションの評価および分析グループ内の相互評価、ならびに教員によるフィードバックが実施される。

(1)　事前準備

テーマの決定とグループ分けは、第１ラウンドのすべての分析グループによる発表が終了したあとに行う。その方法は、まず各人が興味関心のあるキーワードを黒板に書き出すことから始める。「香港デモ」「黒人差別」「外国人労働者」「北方領土問題」など、さまざまなキーワードが並ぶ。ある程度の数が出たところで、一人につき３択までのルールで投票し、総数の多いもの上位４つに絞る。そして、この４つのキーワードの中から、各人が分析したいと思うものに挙手し、5-6人の分析グループを４つ作る。次に、グループに分かれてリーダーとサブリーダーを決め、連絡手段を確立する。その後、グループメンバー全員の時間割や予定を突き合わせ、発表までのスケジュールを作成する。

(2)　授業外における探究活動

テーマおよびグループの決定後は、リーダーとサブリーダーを中心に、授業外にてグループで協力しながら発表までの準備を進めていくことになる。空きコマや放課後に集まり進捗確認や議論を行うグループ、平日は各自の作業を進めることに徹し週末に議論を行うグループなど、グループによってその方法は異なる。

「どうやって進めていく？」
「んー……やっぱり得意分野を生かした方が良くない？」
「そうやな、じゃあ私、経済学部やし、経済分野のこと調べてみるわ」
「じゃあ、俺は法学部やから政治関係担当する」
「英語文献にも当たらなあかん……誰がやる……？」
「……」
「ここはやっぱり国際学部やろ！　な、お願い！」
「そうくると思った！　頑張るわ」

本授業は全学部生を対象にしているため、さまざまな学部の学生が受講する。それゆえ、上記のように各人の得意分野を生かして取り組むところもある。グループに留学生がいる場合は、文献調査の範囲を拡大させることができる。とりわけ、その留学生の出身国が担当のテーマに絡む場合は、当事国にて扱われている情報へのアクセスが容易になる。他方、日本人の学生であっても、最近は翻訳ソフトの機能が向上していることから、それらを利用して英語以外の外国語文献にも当たることは可能である。この期間において、教員によるアドバイスが必要な時は、随時教員に連絡を取って指導を仰ぐ。

このように、受講生たちは限られた時間の中で最大限のパフォーマンスを発揮できるように、自分たちの強みを生かしながら他者と協力する。この授業では情報分析力の修得のみならず、副次効果としてチームワークや協調性、タイムマネジメントや自己管理能力も身につけることができるのである。

(3) 授業内における分析結果発表

プレゼンテーションは授業内に行われる。発表者は、この日のために全力で IA5&5 に取り組んできており、緊張とやる気が入り混じった表情で教室に入ってくる。他のグループよりも早く到着し、パソコンを起動させる。「リマインドやけど、ここの説明の仕方、注意してな」「こういう質問されたら、こうやって答えればいいやんな？」「タイムキーパー頼むで」――最終確認に余念がない発表者たち。

ベルが鳴り、いよいよ授業開始。1 コマ分の授業の流れは次の通りである。

1）教員によるイントロダクション、先週の評価レポートに関するフィードバック（5 分）
2）分析グループによるプレゼンテーション（40 分）
3）評価のための質疑応答（10 分）
4）視聴者によるプレゼンテーションの評価および分析グループ内の相互評価（15 分）
5）教員によるフィードバック（10 分）
6）本時における学びの記入（10 分）
7）発表者：視聴者による評価の開示、教員によるフィードバック（10 分）
　　視聴者：次の自分たちの発表の準備

分析グループによるプレゼンテーション

先週の評価レポートに関する教員のフィードバックをもとに、全員で評価における重要ポイントを振り返る。そして、本時の発表の評価に用いる評価フォーマットを視聴者に配布する。それから発表者の真剣勝負が始まる。視聴者は、適宜メモを取りながら一つひとつのポイントを押さえていく。あっという間の 40 分である。

質疑応答

発表終了後、すぐに質疑応答に移る。IA5&5 における質疑応答では、何でも質問していいわけではない。視聴者は、発表を 5 つの観点から評価するために、曖昧な点や確認したい点について質問することが求められる。

以下に、質問の良い例と悪い例を示す。

良い例

・「スライド 15 枚目では、出典が記されていなかったのですが、出典情報を教えてもらえますか」
・「発表では……と言っていましたが、……という理由で判断していいのか疑問に思いました。このように考えるに至った参考文献などがあれば教えてもらえますか」
・「スライド 20 枚目から 22 枚目は、一つの文献に頼っているように見えるのですが、他の方法でもその情報が述べていることを検証されたのでしょうか」

悪い例

・「……についての理解を深めることができました。この問題を解決するためには、どのような対策が考えられると思いますか」
・「……について改めて知ると、素晴らしい制度だと思いました。日本も導入すべきだと考えますが、導入していないのが現状です。これには何か理由があるのでしょうか」
・「A 国が B 国に対してそのような反応を示したのは、許せないと思いますか」

評価の観点からの質問になっていない場合は、教員がその旨を伝えて軌道修正をしたり、質問の整理を行ったりする。その際、適切なタイミングで指導することがポイントである。クラスのレベルが上がってくると、質問のクオリティも高くなる。教育歴の長い教員になると、質問の内容を聞くだけで、クラス全体のおおよその情報分析力を把握することができる。この 10 分という短い時間に、さまざまなヒントが眠っており、受講生・教員の双方にとって極めて重要な時間である。

評価

続いて、評価の時間に移る。IA5&5 の特徴の一つとして挙げられるのが多重評価である。

まず、視聴者は５アクションと同じ観点からプレゼンテーションの評価を、発表者は分析グループ内の相互評価、すなわちグループメンバー一人ひとりの貢献度についての評価を、それぞれの評価フォーマットに記入する（詳細は第５章参照）。その際、分析グループ内評価のメンバーが率直にグループメンバーの評価ができるように、それぞれできるだけ離れて席に座るように指示を出す。そして、教員は机間巡視を行いながら記入状況を確認し、時間が来たら筆記用具を机の上に置くよう指示する。

教員によるフィードバック

教員のフィードバックは、視聴者の評価と同様に、５アクションと同じ観点から行われる。良かった点や改善点、アドバイスなどを丁寧かつ的確に説明する。このフィードバックを聞くことにより、視聴者は自身が行った評価を、発表者は自身のプレゼンテーションを振り返ることができる。

本時における学びの記入

評価フォーマットの下部には、本時における学びを記入する欄がある。ここには、「……について知識を深めることができて良かった」「今回のテーマに関する私の意見は……」というような感想を書くのではなく、情報分析の観点から記入する。例えば、「スライド 28 の分析方法は……という点が優れており、参考にしたい」「スライド 47 の分析は、……にした方が良かったのではないか」など。また、自身が行った評価と教員のフィードバックを比較した際の気づきや学びをまとめることも肝要である。

発表者への視聴者による評価の開示

視聴者による評価は、本時における学びを記入した評価フォーマットを回収したのち、名前を伏せた形で発表者に開示される。

「よっしゃー！　10点満点や！」
「ほんまや！　こっちも９点！　最後まで諦めずに明け方まで頑張った甲斐あったな」

「えー！　何でこんな点数なん⁉　めっちゃ頑張ったのにー」
「見て見て、ここの指摘。的確やわ。もう少し工夫すれば良かった」

グループによって反応はさまざまだ。この時間は、発表者と教員だけの時間でもある。発表者の苦労話や本音に微笑みながら耳を傾ける。そして、彼らの頑張りを十二分に評価した上で、より詳細な助言を与える。質問にも丁寧に対応する。教員にとってもこの時間は重要であるため、授業後にゆとりがある時間帯に時間割を組むようにしている（関学の場合、チャペルアワー前の１時限、お昼休み前の２時限、最後の授業時間帯の５時限などである）。

「めっちゃ疲れたけど、楽しかった！　今日はみんなで打ち上げ行くでー」
「先生、今回めっちゃ悔しい思いしたから、次もっと頑張ります」
「次回に向けてもっとアドバイスをいただきたいんで、あとで研究室に伺ってもいいですか」

受講生たちの成長がひしひしと伝わってくる。彼らの学びに対する意識、そして探究心は、確実に向上している、そう確信する時間である。

4　第３ラウンド：完全反転学習形式・情報発信体験

(1)　初めての情報操作

第３ラウンドでは、これまでとは逆の立場、すなわち情報発信者側に立つ。学内外でのインタビュー調査にて収集したデータを用いて情報発信を行うことにより、情報の歪みやすさや、歪めやすさについて実体験を通して学ぶ。ここでのポイントは、まず、各分析グループは調査の問いに対する仮説への「肯定派」と「否定派」の二つの小グループに分かれる。そして、データの収集を合同で行い、同じデータを使用しながら結論は両小グループで正反対のプレゼンテーションを行うことである。

例えば、「日本人は優しいか」というテーマを取り扱うとしよう。グループ全員で、このテーマに関する質問項目を作成し、インタビュー調査を実施する。ここから二手に分かれ、収集データを整理したのち、「肯定派」と「否定派」というインタビュー調査結果を示しつつ、他の情報をつけ加えながらプレゼンテーションを作成する。

授業内での発表後、どちらの発表に納得したかを視聴者に投票させ、より多くの票を得た小グループが勝者となる。そして、勝者にはボーナスポイントが付与される。つまり、第3ラウンドにおける発表では、いかに自分たちの意見に都合の良い情報を見つけ出し、それらを組み合わせてストーリーを上手く構築するか、聞き手の感情を揺さぶり、共感させるかに取り組み、情報を意図的に操作することを実体験する。

これまで根拠の有無や論理性・妥当性などを厳格に評価するトレーニングを行ってきているため、都合の良い情報を集めた誘導型の発表を行うことに戸惑いを感じる受講生も中には存在する。しかし、情報発信者側に立ち、実際に情報操作を経験することによって、受講生は情報がどのように作られていくのか、あるいは、歪められるのか、といったことをより深く理解できるようになる。一種のゲーム感覚で行えるため、受講生たちは楽しみながら取り組んでいる。

(2) インタビュー調査

インタビュー調査は、独立行政法人国際協力機構（Japan International Cooperation Agency: JICA）JICA関西で学ぶ開発途上国出身の研修員、または、関学内の留学生を対象に英語で行っており、テーマは受講生が自由に選ぶこととしている。テーマの例は以下の通りである。

JICA研修員に対するインタビュー調査のテーマ

「開発途上国において環境問題に対する対策と国を発展させるための経済対策は両立するか」

「援助は今後も必要か、それとも近い将来終えるべきか」

「二国間援助と多国間援助は、どちらの方が効果的か」

「技術協力と資金協力は、どちらの方が効果的か」

関学の留学生に対するインタビュー調査のテーマ

「日本人は勤勉か」

「日本人は時間に厳しいか」

「日本企業に就職したいか」

「将来は日本に住みたいか」

(3) 本気で取り組む受講生たち

この第3ラウンドにおいても、非常に凝った発表を行う小グループが存在する。例えば、「日本人は優しいか」をテーマにしていた否定派の小グループは、インタビューの回答者である留学生に、SNS上にて芝居をするよう依頼し、その芝居部分の会話をスクリーンショットして、それらをプレゼンテーションの中に組み込んでいた。その会話は、以下のようなものである。

受講生「Thank you so much for answering our interview today!」

留学生「No problem! You can ask me any questions anytime, but...」

受講生「What's wrong?」

留学生「To be honest, it was difficult to answer "No" because interviewers were Japanese... if there were only you and me, I could talk honestly, but there were other Japanese students as well, so...」

インタビュー調査の結果では、回答の半数以上が「Yes」であったため、

インタビュー調査の内容を考える学生たち

その結果を覆すために、彼らは必死に考え、左記の会話を作成することを思いついたのであった。この会話を視聴者に見せることにより、インタビュー調査結果の妥当性を疑問視させようとする作戦である。その後、彼らは他のデータや文献を引用し、「日本人は優しくない」という論を展開していく。

このグループの発表後、発表者と視聴者との間に、次のような会話があった。

発表者　「悔しいー！　せっかく偽の会話まで作ったのにー」

視聴者１「え、あれ偽やったん？　全然気づかんかった……。リアル感満載やったし」

視聴者２「私も普通に信じてた！　そのあとのデータとも整合性があったし。情報って簡単に操作できるねんなぁ……」

教員　「だから情報は、鵜呑みにしてはいけないんです。自分の頭で考え、情報を冷静に分析する。その上で、判断する。ありとあらゆる情報があふれる社会の中で生きる私たちは、今こそ情報分析力を身につけるべきなのです」

(4) 授業履修後の受講生たちのリアルな声

自分たちで情報を収集・分析し、グループで議論しながら一つのプレゼンテーションにまとめることや、インタビュー調査を実施して情報操作を行い発表することは、容易なことではない。ゆえに、受講生からは「作業量が多い」「とても大変」「関学の中で最も過酷な授業の一つ」といった声が聞こえてくる。しかし、その分、これまでにない達成感や、探究することの楽しさを味わうことができる。情報分析の意義や楽しさに一度気づくと、受講生たちは無我夢中になり、自主的に情報分析合宿を実施したり、100 枚以上のスライドを作成してきたりするグループも出てくる（過去最高は 203 枚！　発表者の熱意とエネルギーは高く評価できるが、コロナ禍における初の遠隔授業ということもあり、視聴者側は大変だったようだ）。

ここでは、そのような受講生たちの感想を共有しておきたい。

- この授業は、今後グローバル社会、そして情報があふれた社会の中で生きていく私たちにとって非常に価値のある授業だと思います。無限にある情報から一部を引っ張り出し、それを鵜呑みにしてしまうのではなく、「それって本当に正しいの？」という考えを持って情報と向き合う姿勢は、今後の研究活動、社会人としての取り組みにおいてもきっと役に立つと思います。一つのプレゼンテーションを作り上げるためにたくさんの文献やサイトから情報を集め、グループメンバーと何度も集まり連絡を取り合いました。他の授業に比べれば格段に作業量が多く、大変ではありましたが、大学生として学ぶべきことを学べたと思います。
- この授業が、他のどこで取っている授業よりも、今後必要になる力を向上できたと思う。グループワークのため、コミュニケーション能力やイニシアチブを取る力がついた。何より、勉強をすることが楽しいと思えたし、やればやるほど達成感を感じることができた。もっとこのような授業が増えればと思った。

・この講義は、私が受けた授業の中で最もつらいと感じた授業の一つでしたが、それ以上に得られたものが大きい授業でした。自らが主体的に学んでいき、答えに近づくためにはどのような方法で検証するのか。本、新聞、ネットの記事など、多くの文献に当たりました。また、他学部の人と何度も集まって話し合いをすることで、自分のディスカッション能力を試すこともできました。期日までにどの程度スライドを完成させて、間に合わせるのか、といったマネジメント能力もついたように思います。これからの大学生活でも生かしていきたいです。

・主観を交えないように事実を分析していくことにおもしろさを感じた。この講義を通して分析力は言わずもがな、苦手とする班での協力も進んでできるようになった気がする。また、他班の結論を、本当にそれが正解なのかどうなのか再度分析することで、よりこの講義の楽しさを見出せた。

・情報というのは更新されていくものなので、古いソースによって出された結論が、新しく出た文献などによって、いとも簡単に覆されてしまったり、また、よくわからなかった部分の辻褄が合ったりするので、情報分析をする時は、その情報源が正しいかどうかだけではなく、その新しさも重要であると学んだ。一つの情報ですべてがつながる、すべて辻褄が合うといったところに情報分析のおもしろさを感じた。

・確かに授業は大変だったけれど、大変だと思った割合が 5 だとすれば、達成感は 100 くらいあった。ただただ授業を聞くだけの講義より、こうやって主体的に学んでいく方が身につくと感じた。今学期で一番ためになった授業だと思った。

・今回分析することで、本当は世界で何が起こっていたのか、そしてその背景に何があったのか、今まで知ろうとしなかったことが知ってみたらすごくおもしろく、新しい世界が見えたなぁと思いました。そして、調べていく中で、ディスカッションなどを通し、学びに対するおもしろさも感じました。難しいことをみんなで取り組めた充実感は今までにないくらい良かったです。

・この授業を取るまでは、国際情報の分析について何の知識もなく、ニュースを見ても「そうなんだー」で終わっていたのですが、今回自分たちで調べてみると、調べれば調べるほどいろいろなことが浮き彫りにされてくることで、一つのことを探求することがとてもおもしろいことだなと思えるようになりました。国際社会についてとても興味を持つことができました。

・文献を何冊も読み、それぞれの文献の意見を議論していく中で、意見が分かれ、結論が変わり大変でした。しかし、最初はあまり興味を持てず難しいとだけ感じていましたが、調べ、議論を深める中で、さまざまな意見や背景などに振り回され、おもしろいと感じられるようになっていたことが自分でも不思議です。大変さは格別でしたが、今は達成感も格別です。

・情報を自分の都合の良い方にもっていく方が、情報の分析よりも簡単だと感じたし、私たちでもこんなに圧勝できるほど人を流せるのはすごいと思ったと同時に、怖いとも思いました。

・他の授業では感じたことのない達成感がありました。今回履修した科目の中で一番大変でしたが、情報に対して見る目ががらりと変わったので、これから生かしていこうと思います。

・この授業を通して、自分の「当たり前」に対して不安を感じるようになった。誤った考え方で自分を形成している可能性がある。(中略)今後自分の情報に対する向き合い方によって、自分自身が大きく変わるだろうと感じた。私は偽りのない現実を知り、誠実に正面から向き合える人になりたいと感じた。

第5章

「評価」という理解促進の仕組み

山田好一
關谷武司

「教育評価」をインターネットで検索すると、さまざまな辞書や百科事典の解説が出てくる。いずれの内容も大きく異なることはないが、共通して言えることは、それぞれに定められた教育目標にもとづいて、学習者のパフォーマンスの向上を測定することである。しかし、ただ単に測定するだけでなく、そのことによって、教育効果を高めるのに役立つことまでも含むとしているものもある。

Information Analysis 5&5（以下、IA5&5）で組み込んでいる評価は、この後半部分の「教育効果を高めるのに役立つこと」としての意味合いが強い。

こう書くと、評価の結果を用いて、指導方法や教材を見直すとか、学習者自身が自分の勉強法を振り返るとかを思い浮かべるだろうが、そうではない。

1　多重評価

IA5&5では、次のような多重評価を組み込んでいる。

①　視聴者によるプレゼンテーションの評価
②　分析グループ内の相互評価
③　指導者による上記①と②の個人評価についてのメタ評価
④　上記①と②を組み合わせたプレゼンテーションの個人評価

一つずつ、個別に説明していこう。

(1) 視聴者によるプレゼンテーションの評価

本節で後掲する評価フォーマット①を用いて、第3章第2節に示したIA5&5の5アクションの視点から、視聴者が発表者の分析結果のプレゼンテーションを評価する。5アクションは、「根拠の検証」「背景の把握」「利害関係の把握」「論理性・妥当性の検証」「三角検証」だが、それぞれを2点満点とし、合計10点満点で評価する。得点の刻みは0.5点くらいがちょうど良いかもしれない。

視聴者によるこの評価行動は、単にプレゼンテーションを注意深く視聴することにとどまらず、先に講義で聴いた5アクションを、仲間である他の受講生がどのように行っているのかをチェックすることによって、講義内容の理解が深化する。

ここで、指導者が特に注目すべきは、これらの点数もだが、点数の根拠である。的外れな根拠が記述されている場合は、具体的に本人にフィードバックしなければならない。クラス全体でそういう傾向がある場合には、5アクションについて、より噛み砕き、プレゼンテーションの例を引用しながらもう一度説明する必要がある。

(2) 分析グループ内の相互評価

グループワークを行う場合、グループに対する評価をメンバー全員の共通評価とすることは、しばしばメンバー個々人の適正な評価とはならない場合がある。わずか4-6人程度のグループ内に参加意欲の低いメンバーが混ざっていれば、他のメンバーに相応のしわ寄せがいく。時間とエネルギーを割いて必死に取り組んだ者とそうでない者が同じ点数ならば、頑張る者の意欲は低下する。

そこで、IA5&5では、分析結果をプレゼンテーションするグループメンバーには、後掲の評価フォーマット②を用いて、自分以外のメンバーの貢献度を10点満点で評価させる。率直に状況を記述してもらうために、必ず記載情報が指導者以外に遺漏しないシステム下で行わせる。

ここでも重要なのは、点数の根拠である。各人がメンバーを評価する根拠を見れば、行われたプレゼンテーションの出来栄えの理由を把握することが可能になる。

例えば、以下のようなケースは比較的頻繁に見られる。

ステージ3ではグループメンバーが個別で調査することが多く、それをステージ4および5でメンバーが持ち寄って議論となる。ここで、取り組み態度が消極的なメンバーがいたりすると、そもそも十分に吟味された情報が上がってこない。ミーティングへの参加も遅刻や欠席があると、十分な議論が難しくなる。すると、仮の結論や最終結論への思考の流れが短絡的であったり、論理性が欠落したりし、視野の狭い、浅い考察しかなされない。当然、その帰結として導かれる結論は説得力に欠けるし、発表者自身も納得のいかないものとなる。

(3) 指導者による上記①と②の個人評価についてのメタ評価

受講生から提出された上記①と②のレポートは指導者から10点満点でメタ評価がなされ、各人のレポート点として記録される。①のレポートであれば、受講生の評価の点数が妥当であるか、その評価の根拠が的外れなものとなっていないかをチェックする。

②のレポートでは、他のメンバーからつけられている点数の平均値をベースにしながら、本人の学び自体の記述、および本人が担当したプレゼンテーションの出来栄えも考慮に入れて、10点満点で評価が記録される。

【視聴者によるプレゼンテーションの評価フォーマット】

「国際情報分析」 第　　回目　　　年　　月　　日

学部：＿＿＿＿学生番号：＿＿＿＿＿＿氏名：＿＿＿＿＿＿＿＿＿＿

演題：＿＿＿＿＿＿＿＿＿＿＿＿＿＿＿＿＿＿＿＿＿＿＿＿＿＿＿＿

発表者：＿＿＿＿＿＿＿＿＿＿＿＿＿＿＿＿＿＿＿＿＿＿＿＿＿＿＿

1. 評価（10点満点）とその根拠

合　計　　　＿＿＿/10点	根　　拠
根拠の検証　　＿＿＿/2点	
背景の把握　　＿＿＿/2点	
利害関係の把握　＿＿＿/2点	
論理性・妥当性　＿＿＿/2点	
三角検証　　＿＿＿/2点	

2. 今日のプレゼンテーションを視聴して学んだことと感想

【分析グループ内の相互評価フォーマット】

「国際情報分析」 第　回目　年　月　日

学部：＿＿＿＿学生番号：＿＿＿＿＿＿氏名：＿＿＿＿＿＿＿＿＿＿

演題：＿＿＿＿＿＿＿＿＿＿＿＿＿＿＿＿＿＿＿＿＿＿＿＿＿＿＿＿

発表者：＿＿＿＿＿＿＿＿＿＿＿＿＿＿＿＿＿＿＿＿＿＿＿＿＿＿＿

1. 分析グループメンバー内評価（10点満点）とその根拠

氏　名　　点数	根　拠
＿＿＿＿＿　＿＿/10点	
＿＿＿＿＿　＿＿/10点	
＿＿＿＿＿　＿＿/10点	
＿＿＿＿＿　＿＿/10点	
＿＿＿＿＿　＿＿/10点	
＿＿＿＿＿　＿＿/10点	

2. 今日のプレゼンテーションを準備して学んだことと感想

(4) 上記①と②を組み合わせたプレゼンテーションの個人評価

①の視聴者によるプレゼンテーションの評価と、②の分析グループ内の相互評価を使って、分析を行ったグループメンバー個々人のプレゼンテーションの評価点の算出を行う。考え方としては、①の視聴者によるプレゼンテーションの評価は、分析したメンバー全員の成果である。それへの各個人の貢献度がいくらになるのかを②の分析グループ内の相互評価から算出する。

まず、①についてであるが、視聴者の評価点の平均値を算出する。指導者から見て、この数値に偏りがあると判断された場合は、メタ評価として補正を加えることがある。修正幅は、0.1 刻みで、最大± 1.0 程度までが望ましい。

図 5-1 を参照してもらいたい。この図は、①と②のクロス評価を行っている Excel シートである。

まず、G4 のセルに視聴者によるプレゼンテーションの評価点が算出されている。しかし、指導者の視点から、今回分析されたプレゼンテーションの評価として、視聴者の点数が厳しすぎると判断されたため、+1.0 点のメタ評価による補正を行い、評価を 8.2 点として G5 に記載されている。

	A	B	C	D	E	F	G	H
1	グループ内評価							
2		テーマ:コロナウイルスはマスクで防げるというのは本当か？						
3								
4		視聴者によるプレゼンテーション評価					7.2	
5		メタ評価による補正後の評価					8.2	
6								
7			Aさん	Bさん	Cさん	Dさん	Eさん	グループ平均
8	①	Aさんによる評価		8	9	8	7	
9	②	Bさんによる評価	8		10	10	7	
10	③	Cさんによる評価	8	9		9	7	
11	④	Dさんによる評価	9	10	10		8	
12	⑤	Eさんによる評価	7	8	9	8		
13		平均	8.0	8.8	9.5	8.8	7.3	8.5
14		評価	7.8	8.5	=+$G$5/$H$13*E13			

図 5-1　個々人のプレゼンテーションの評価点の算出

次に、分析グループ内の相互評価による全員の平均点を算出する。

図5-1の「8」の行には、Aさんによる他のメンバーへの評価点が入力されている。「9」の行にはBさんによるメンバー評価、「10」の行にはCさんによるメンバー評価の点数が続いて入力されている。

C13のセルを見ると、ここにはグループメンバー全員からAさんが受けた評価の平均点が算出されている。同様に、D13にはBさんの受けた評価の平均点が、E13にはCさんの受けた評価の平均点が算出されている。

そして、これらC13からG13までのAさんからEさんまでの点数を平均した値がH13に算出されている（ここで平均値を算出するのは、グループによってメンバー数が一致しないことがあるため、メンバーの人数が変わっても貢献度合いが比較できるようにするためである）。

この値で、G5にある視聴者によるプレゼンテーションの評価点（メタ評価済み）を割り、C13のAさんの平均点をかけることにより、Aさんの貢献点を算出する。同様に、BさんからEさんまでも算出する。

①の視聴者によるプレゼンテーションの評価と②の分析グループ内の相互評価を組み合わせた、発表者のプレゼンテーション個人評価が導き出されることになる。

2　評価のタイミング

第4章の授業の流れで示されたように、評価の取り組みは、授業の中に組み込まれている。それは、受講者が評価を通じてより深い理解を得るためなので、以下のタイミングを外さずに実施しなければならない。

(1) 視聴者によるプレゼンテーションの評価

これは、視聴者がプレゼンテーションを視聴し、評価に必要となるポイントを確認するための質疑応答を終えた直後に行う。

(2) 分析グループ内の相互評価

これも、①の評価を視聴者が書き込んでいる時に行う。ただし、この作業は分析グループメンバー同士に見えないように、お互いに教室の離れた席で実施させる。

(3) 指導者による上記①と②の個人評価についてのメタ評価

視聴者と発表者がそれぞれ①と②のフォーマットへの評価の記入が終わった時点で筆記用具を机の上に置かせる。以後、フォーマットの評価欄に一切の追記も許してはならない。

全部の活動をオンラインでシステムとして組める環境であれば、①と②が終了した時点で、指導者の手元には成績一覧が表示されることも可能である。ただし、時間の都合上、各視聴者の評価の根拠まで、指導者が読み込むことは難しいかもしれない。

ハンドアウトのフォーマットで受講者に記載させる場合であれば、この時点で指導員が受講者の書き込んでいる情報を知ることはできない。

したがって、いずれにしても、この時点での指導者からのメタ評価はできない（メタ評価は授業後に行う）。

そこで、指導者はあくまで総評として、分析結果をまとめたプレゼンテーションの評価を述べる。繰り返しになるが、この時、受講者には、自分の評価フォーマットに一切の書き込みを許してはならない（受講者の５アクションについての理解度を判断できなくなってしまうため）。

授業では、この総評のあとに、授業での学びを記載させる。

この時に、視聴者には自分が記載した評価と指導者による総評の相違点によく留意させる。乖離が少なければ５アクションの理解ができていることを意味し、乖離が大きければ理解が間違っている可能性が高いため、振り返りを促す。

視聴者はここで評価レポート①を提出し、発表者は評価レポート②を提出する。

ここまでで授業は一旦切り上げる。

発表者には、オンラインシステムで見れる場合はすぐに氏名を伏せた評価レポート①をチェックさせる。ハンドアウトのフォーマットの場合は、指導者が即座にコピーを取り、視聴者の氏名の部分をカットした上で、発表者に提示する。

いずれにしても、視聴者からどのような評価がなされたのかを理解させ、自分たちの分析の反省材料とし、次の分析に生かさせる。

(4) 上記①と②を組み合わせたプレゼンテーションの個人評価

こちらは、授業後、①と②のレポートをメタ評価したあとに行う。

(5) 第３ラウンドにおける評価

こちらでは、情報の受信者側としてではなく、発信者側としての体験となる。したがって、これまでの２つのラウンドで用いた評価方法は行わない。

ただし、学びのレポートは必ず提出させ、そこに次の観点を盛り込ませる。

視聴者側

もとは同じ事実（情報）なのに、なぜ結論は異なるのか。5アクションから考えさせる。

発表者側

なぜ視聴者を操作できたのか（できなかったのか）。

※ヒント

・情報の根拠や信憑性に変化が生じたのか（根拠）
・背景の説明などが影響したのか（背景）
・利害関係などが影響したのか（利害）
・説明や解説の論理が異なるのか（論理性・妥当性）
・追加された情報が影響したのか（第三の視点）

第6章

実践ガイドライン

江嵜那留穂

ここまで本書を読み進めていただいた読者のみなさんには、Information Analysis 5&5（以下、IA5&5）はシステマティックかつシンプルである上に、探究心や高次思考力を身につけるのに有効な手法の一つであることを、ご理解いただけたのではないかと考える。本章では、実際にIA5&5をやってみようという方々に対して、実施上のポイントを具体的に提示したい。

ここでは、第1ラウンドの集中演習形式に焦点を当て、高校生向けにアシスタントを導入する場合について記していく。

1　概略

IA5&5は、システマティックであるがゆえに、実施する側は各人が正確にそれぞれの役割を理解し、実行することが重要である。まずは、IA5&5にかかる関係者とその役割について説明したのち、場所・環境、必要物品について述べる。

(1) 各人の役割

高校生を対象としてIA5&5を実施するにあたって必要な関係者は、指導者、アシスタント、そして後方支援担当者である。ここでは、これらの関係者に加え、見学者がある場合の留意点も記す。

指導者

IA5&5の準備・実施・振り返りという全プロセスにおけるリーダー兼

調整役。

準備段階では高校側と綿密な連絡を取り、アシスタントの選定から事前準備に関わる指導を行う。

導入部分では、情報分析力を鍛えるべき理由や情報分析方法についての講義を実施し、ステージ１以降はクラス全体を俯瞰的に見ながら、各グループの進捗などを把握し、タイムコントロールに気をつける。

指導者は、アシスタントを通した指導を行うので、学習者だけでなくアシスタントの状況にも気を配り、アシスタントが動きやすいように注意を払い、連携した動きを心がける。必要に応じて学習者に直接の問いかけを行い、思考を促したり、ヒントを与えたりすることもあるが、あくまでアシスタントのファシリテーションをサポートする形で行う。

アシスタント

学習者に直に接する重要ポストである。IA5&5の手法に対する理解だけでなく、与えられたテーマについても十分な理解が求められる。したがって、IA5&5の手法を修得した大学生を配置することが望ましい。

詳細なポイントは後掲するが、指導者の指示に従いながら、担当するグループをファシリテートする。高校生に教えるのではなく、彼らがほしがっている答えを与えるのではなく、導き、気づかせ、発見させ、高次の思考を促すことに徹する。

一つのグループに二人のアシスタントを配置する場合は、一人目は個別対応、二人目は全体対応にするなど、事前に役割分担を行う。また、二人の間での情報共有を徹底し、知識レベルを同程度にしておくことが重要である。

後方支援担当者

スケジュールにもとづき、教室、パソコンルーム、図書館内の学習ルーム、宿泊施設・食事などの予約や、必要機器・機材の準備等を行う。

受講生が高校生の場合、自主的な判断に任せることにはある程度の限界があるため、円滑なプログラムの進行には、後方支援担当者の舞台裏での

後ろからあたたかく見守る教員と真剣に思考する生徒たち

調整が重要である。

見学者

見学者が来られることは、学習者の緊張感が高まり、意欲も湧くため、歓迎したい。ただし、見学者から学習者への直接の介入は控えていただく。特に、学校関係者が見学に来る場合は注意を要する。「先生」の立場の方は、目の前で苦しんでいる生徒を見ると、職業柄、つい口や手を出してしまうことがある。学習者も自分の学校の教員が来ると、アシスタントではなく教員に頼ったり、助けを求めたりする。そうなると、アシスタントは上手くファシリテートできず、円滑なグループワークが実施できなくなる。

(2) 場所・環境

高校生を対象にIA5&5を行う場合、生徒にとって新しい環境である大学（高大接続の一環として使用）や、ホームグラウンドである高校などを使用することが一般的であろう。ここでは、過去の経験をもとに、両者のメリットとデメリットを表6-1に示す。

生徒がインターネットにアクセスできるデバイスを持っていない場合、ステージ1、2、4、5、そしてプレゼンテーションの準備は、パソコンルームにて行うことが好ましい。情報の検索などはスマートフォンでもできるが、作業が膨大であるため画面の小さいスマートフォンでは疲れやすい。

表 6-1　新しい環境および慣れた環境のメリットとデメリット

	メリット	デメリット
大学 （新しい環境）	・新鮮な気持ちで取り組むことができ、適度な緊張感を持てるため、集中力が向上する（日常から外れることが重要なポイント）。	・移動時間・コストを要する。
高校 （慣れた環境）	・慣れている場所なので、落ち着いて活動に取り組むことができる。 ・移動時間・コストを要しない。	・緊張感が保てないため、時間にルーズになったり、集中力が弱まったりする場合がある。

ゆえに、これらのステージにおいてはパソコンやタブレットを使用することが望ましい。

ステージ 3 については、図書館と図書館内の学習ルームを利用すると良い。街中の図書館に許可をいただくことができれば、そこで実施することも可能である。

最も重要とも言えるのが、インターネットの Wi-Fi 環境である。大学や高校のインターネット環境は閉鎖的であることが多く、事前に学習者やアシスタントが問題なく使える環境であることを確認しておく必要がある。30 人近い人が一箇所でアクセスするため、脆弱な環境の場合、作業効率が著しく低下する。そのような場合や、宿舎にインターネット環境がない場合は、モバイル Wi-Fi などを準備しなければならない。

(3)　必要物品

IA5&5 の実施においては、情報を視覚化して整理するのが望ましい。そこで、表 6-2 に示した物品などがあると学習効率が高まる。例えば、「どこでもシート」はどこにでも貼りつけることができるため移動が簡単であり、モバイルホワイトボードのような機能を発揮してくれる。また、インターネットを使った協同作業を支援するソフトやアプリは飛躍的な進化を遂げている。常にアンテナを張って、より使い勝手の良いものがないか、しっかり確認した上で活用するようにしたい（まさに Society 5.0 で必要なスキルと言えよう）。

表 6-2　必要物品リスト

物品名	数量	備考
筆記用具	各自	
ポストイット	適量	さまざまな大きさがあると良い。
ホワイトボード	1 台× 4	ミニサイズのものがあっても良い。
ホワイトボードマーカー	人数分	
どこでもシート	1 巻 25 枚	壁やガラス、木などの平滑面に貼りつけることができ、ホワイトボードの代わりとして使用可能。ホワイトボードマーカーで書き消しできる。
ノートパソコン／タブレット	各自	準備できない場合は、パソコンルームや図書館のパソコンを使用する。
プロジェクター	1 台	発表の際に使用する。
PowerPoint/Keynote など （ソフト）	各自	プレゼンテーションソフトウェア。最新版のものであるかを事前に確認しておくこと。
Jamboard （ソフト）	各自／学校	デジタルホワイトボード。利用する際は、最新版のものであるかを事前に確認しておくこと。Google スプレッドシートを代用する方法もある。

タブレットを用いて調べた情報をどこでもシートにまとめる生徒

どこでもシートを使用しながら話すアシスタントと生徒

Jamboardにて重要ポイントを整理

ミニサイズのホワイトボードを使用して情報共有

2　重要ポイント

最後に、探究効果を最大限引き出すための重要ポイントを挙げておく。IA5&5 を実施する時に、ぜひ参考にしていただきたい。

(1)　テーマ決め

分析はどのようなテーマでも可能である。ただし、情報分析を一から学ぶ高校生や大学生を対象とする場合には、トレーニングに適したテーマを選定した方が効果的である。

例えば、現在進行形のテーマは、学習者の関心は高いものの、ほとんどの情報がウェブサイトや SNS などの不確定なものであるため、実は難易度は高くなる。

推奨される条件としては、以下のようなものが挙げられる。

①　社会的に注目度が高く、その情報が発生した時点からある程度の年数を経たもの

このようなテーマは、社会一般の情報も豊富で、学術的にもある程度の検証がなされている可能性が高い。「……論」や「……説」などもあったりし、信頼性が高いものから低いものまで豊富にある。

② 若い学習者でも聞き覚えのあるもの

学習者がまったく聞いたこともないようなテーマでは取っかかりに苦労するため、学校で一度くらいは習った記憶があるようなものが望ましい。最近もメディアに取り上げられているようなものであればより良い。

③ 冷静に中立的な立場で分析することが望ましいもの

情報に惑わされるのは、往々にして感情が先に動かされてしまうものが多い。冷静に分析するトレーニングには、そういう無意識に感情が動きがちなテーマが良い。

上記の条件を満たすものとして、日本に関係する近現代史などはテーマとして活用できるものが比較的多い。文献も充実し、右から左まで思想的な情報もあり、情報としては玉石混交に近い。また、知らないうちにナショナリズム的意識がくすぐられ、議論がつい熱くなり客観性を取り戻すことが求められる。国際的なテーマは、言語を超えて調べる範囲も広がる。

トレーニングとして避けるべきテーマは、既述したように現在進行形のテーマである。現時点での関心は高いが、初めて取り組むには、情報が少なく、熟成もしておらず、広がりも少ない。その結果、高次思考を促すことが難しく、結論が淡白で終わってしまう傾向がある。

また、良いテーマを設定できたと思っても、それが抽象的なテーマとなっていないかを検討する必要がある。大きすぎるテーマは、一年かけてまとめる卒業論文や、ものによっては数年かけてまとめ上げないと結論にたどり着けない博士論文レベルに匹敵するようなものであったりする。大学生の第2ラウンドで、テーマを自由に選択させると、意欲的なグループほど、こういうテーマを上げてくる。分析範囲が膨大になるため短期間で終了できず、自ずと深みのない分析にならざるを得なくなる。人員と分析時間を考慮に入れて、テーマを具体的に絞り込んでいくことが重要である。

その時のチェック方法として、「そのテーマは何のどういう情報を分析すればわかるのか」を問うと良い。第4章の実践例にあったように、3つ程度のキーとなる情報を徹底的に分析すれば結論が見えそうなテーマを選択させたい。

また、テクニカルには、「なぜ……」と問うテーマでも構わないが、「……は本当か」という Yes or No を問うようなテーマは、思考する時に対立軸が作りやすく、検証プロセスが比較的クリアになるため、初めての学習者には向いている。

例えば、これまで取り上げてきた中で、充実した分析ができたのは、以下のようなテーマである。

「原爆投下は多くの人命を救った」は本当か？
「北方領土は日本固有の領土だ」は本当か？
「尖閣諸島は本来中国に帰属する」は本当か？
「アメリカ同時多発テロの陰謀論」は本当か？
「人口減少社会で外国人労働者は救世主になる」は本当か？
「イギリスの BREXIT は国内の政治問題が根底にある」は本当か？
「香港国家安全維持法は歴史的に見れば中国にとって当然だ」は本当か？

(2)　やる気にさせる導入

IA5&5 を始めるにあたっては、導入のインパクトが重要である。

「これまで、知らない間に騙されてたって経験ありますか？」
「テレビの情報はいつも本当なの？」
「新聞の報道は真実しか載ってない？」
「教科書は世の中の正しいことだけが書かれている？」

このように尋ねていくのだが、学習者は「もちろん、そうじゃないって知ってるよ」と心の中で思っている。

それを、これでもかというほど、自分の意識が振り回されるような体験をさせてみよう。

以下、実際の授業での導入例を示す。

まずは、次のスライドを提示する。

IMFストロスカーン専務理事、性的暴行などの容疑で逮捕

2011年05月15日 11:29　発信地:ニューヨーク/米国 ブログ 関連情報

クリッピングする　拡大写真を見る　写真をブログに利用する

米ワシントンD.C.で国際通貨基金（IMF）・世界銀行（World Bank）年次総会で、「中東および北アフリカの若者と雇用、包括的成長」と題された円卓会議に出席するドミニク・ストロスカーン（Dominique Strauss-Kahn）IMF専務理事（2011年4月15日撮影）。(c) AFP/Nicholas KAMM

指導者：「みなさん、『IMF』って知っていますか？　『国際通貨基金』という世界190カ国が加盟する国際機関で、加盟国の為替政策の監視や、国際収支が著しく悪化した加盟国に対して融資を実施する組織です。多額の金額を扱うところで、その力は大国に匹敵するといってもいいくらい。専務理事はこの組織のトップです」

そして、次のスライドを見せ、読み上げる。

【5月15日】米ニューヨーク市警は15日、国際通貨基金のドミニク・ストロスカーン<u>専務理事</u>(62)を性的暴行と強姦未遂などの容疑で<u>逮捕</u>した。同市警の発表によると、逮捕は同専務理事が滞在していたニューヨークの<u>女性ホテル従業員からの告訴</u>を受けて行われた。

エールフランス機内で出発を待っていたストロスカーン容疑者は、<u>離陸10分前</u>にケネディ空港当局によって<u>連行</u>された。

http://www.afpbb.com/article/disaster-accidents-crime/crime/2799897/7216921

指導者：「さて……。どう思う？」

と学習者の顔を見回していく。

　すると、次のような声がちらほら。

学習者：「すごい組織のトップが何やってるんだろうって思います」
　　　　「こんなお爺ちゃんなのに……」

指導者：「そうだね。……でもさ、この記事、なんかおかしくない？」

　また、学習者に問いかける。

　学習者はキョトンとした表情をしている。

指導者：「わかりやすいように、一つ例を挙げようか。例えばね、アメリカの副大統領が来日して、東京の高級ホテルに宿泊したとしよう。そして、同じようなことをして、ホテルを出て空港に向かう。そして、飛行機に乗り込んで離陸を待っている時に、女性ホテル従業員の訴えを受けた警視庁が離陸10分前に飛行機の中で逮捕！　するかな⁉」

　学習者は沈黙する。「いや、無理だと思います」という声も。

指導者：「そんなことしたら、大変なことになるよね。日本政府から大目玉でしょ」

　学習者は、「えっ、じゃあ、どういうことですか⁉」と困惑顔になる。

　そこで、次のスライドを見せ、読み上げる。

ストロスカーンIMF理事の逮捕は「策略」か

【5月18日 AFP】フランス次期大統領選への立候補が有力視されていた国際通貨基金専務理事のドミニク・ストロスカーン容疑者が、女性暴行未遂の容疑で米国の警察に逮捕された事件について世論調査を行ったところ、仏国民の多くが「陰謀」だと考えているという結果が出た。（中略）

**　ストロスカーン容疑者は2012年のフランス大統領選に、与党・国民運動連合のニコラ・サルコジ大統領の強力な対立候補として、社会党から出馬することが期待されていた。**

http://www.afpbb.com/article/disaster-accidents-crime/crime/2800922/7226673

指導者：「騙された⁉」

学習者：「信じられない」

指導者：「この専務理事は、身分が身分なので刑務所には入れられなかったけど、このあとホテルに軟禁されたので、自国に戻り大統領選に立候補することができなかった」

学習者：「（唖然）…………」

指導者：「さっきの例のように、ニューヨーク市警が単独でやったとはとても思えないね」

学習者：「フランスの大統領とアメリカの大統領が……!?」

指導者：「どうだろうねえ……」

そして、次のスライドを見せて、読み上げる。

被害者女性の証言に疑念

【7月2日 AFP】 ある捜査当局幹部が同紙に語ったところによると、被害者女性は事件発生から24時間後にボーイフレンドと電話で話した。会話は女性の出身国である西アフリカのギニア共和国のフラニ語で行なわれた。録音の内容が6月29日になって初めて英語に翻訳されると、**捜査関係者の間に緊張が走った**という。

「心配しないで。**あの男はお金を持っている。私は自分が何をしているかは分かっている**」という趣旨のことをボーイフレンドに話したという。

ボーイフレンドはブランド服の偽物をマリファアナと交換しようとして、入国管理局に収容されており、そこで被害者女性と電話で話したという。

http://www.afpbb.com/article/disaster-accidents-crime/crime/2810045/7449915

学習者：「うっそ！」「そういうことか」

指導者：「また騙された？」

学習者：「…………」

指導者：「あれ〜？　おかしくない？」

学習者：「…………!?」（何がという表情）

指導者：「さっきは誰が怪しいと思ったのかなぁ」

学習者：「えっ？」

指導者：「みんな、この女性ホテル従業員、とんでもない人って思ったよ

　　　　ね？　みんながそう思ってくれたら、喜ぶのは誰かな？」
学習者：「あっ……」
指導者：「またまた騙された？」
学習者：「（絶句）…………」
指導者：「じゃあ、最後にこのスライドね」

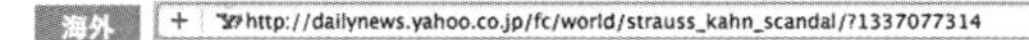
海外　http://dailynews.yahoo.co.jp/fc/world/strauss_kahn_scandal/?1337077314

IMF専務理事の性的暴行事件　ブックマークに登録　掲示板：投稿数42

IMFのストロスカーン専務理事が性的暴行容疑で逮捕。訴追は取り下げられる。[関連情報]

ヘッドライン　9　チェック　0　シェアする！

被害女性を逆提訴＝IMF前専務理事・ストロスカーン氏

【ニューヨークAFP＝時事】国際通貨基金（IMF）前専務理事のストロスカーン氏が14日、一連のスキャンダルの発端になったニューヨークのホテルでの事件で同氏による被害を訴えている女性を相手取り、100万ドル（約8000万円）の損害賠償を求め提訴した。米紙ニューヨーク・ポストが報じた。(時事通信)
[記事全文]

・逮捕は陰謀・策略だったとする説 - 関連情報エリア

◇検察当局が起訴取り下げ、女性は民事で提訴
・ＩＭＦ前トップの起訴取り下げ　裏付けない捜査に批判 - 朝日新聞(2011年8月23日)

国際通貨基金前専務理事のストロスカーン氏（写真）が14日、一連のスキャンダルの発端になったニューヨークのホテルでの事件で同氏による被害を訴えている女性を相手取り、100万ドルの損害賠償を求め提訴した。(時事通信)

指導者：「訴えちゃいましたね。なんで？」
学習者：「復讐だと思います！」
指導者：「彼女、そんなお金ないでしょ」
学習者：「え、でも……」
指導者：「裁判になったら、公式な調査になるよね」
学習者：「…………」
指導者：「名誉挽回に希望をつなぎたかったかな。でも、このあと続報はなくなりました。さて、みんな、何回騙されましたか？　こんな調子で大丈夫？　騙されない勉強、やりますか？」

と、これくらい意識を揺さぶられると目の色が変わって、第3章で紹介した説明に食らいついてくるようになる。

(3) ステージ１以降における能動的思考を促すためのポイント

IA5&5 において、重要なことは以下の通りである。

・すべてのプロセスにおいて、決して正解は与えないこと。
・「問いかけ」を中心に進めること。
・結論ではなく、プロセスやものの考え方を重視すること。
・主役は学習者であり、アシスタントが前に出過ぎないこと。

指導者の留意点

既述の通り、指導者はアシスタントを通して指導を行うため、各ステージにおいて、適宜アシスタントを集合させ、進捗確認をする必要がある。問題がある場合は、その場で助言や指示を与える。アシスタントは、学習者にとってリーダー的存在であるため、学習者の前で助言や指示を与えることは好ましくない。アシスタントに伝えたいことがあるが、呼び出せない場合は、紙に書いてアシスタントに渡すなどすると良い。

また、指導者は常に先を読み、臨機応変に対応することが重要である。学習者に疲れが見えてきた時や、アシスタントが大丈夫かなと不安に思っている時には、ポジティブな声かけを行う。例えば、中だるみが発生しやすいステージ３では、「ちょっと学習者に疲れが見えてきたね。今、彼女

集中演習形式１日目：振り返りの様子

たちは自分のバケツに知識という水を貯めている途中だから、しんどい時だね。でも、これを乗り越えると、バケツから水があふれ出すように、喧々諤々議論するようになるから。大丈夫！　頑張ろう！」というような声かけを行うと、アシスタントの顔にも笑顔が戻る。

アシスタントの留意点

アシスタントの役割は非常に大きいため、ここではポイントや留意点をステージ別に記す（表 6-3）。

表 6-3　ステージ別のポイントおよび留意点

ステージ	ポイント・留意点
事前準備	・テーマ決定後、関連するキーワードや参考文献のリスト、自分自身による分析・考察をまとめたパワーポイントを作成し、指導者に提出する。 ・アシスタントが二人態勢の場合は、上記の資料を協力して作成することにより知識レベルを統一する。また、各人の役割やファシリテートの方法などについて決めておく。
1. 課題の全体像の把握	・作業に入る前に、ホワイトボードにタイムスケジュールを書く。決められた時刻になっても作業が完了していない場合、メリハリのある進行を行うために、時間を延長するのではなく一旦切るようにする。 ・インターネットで課題の基本用語を調べる際、「いつ」「どこで」「誰が」「どのように」「何をしたか」の 5W1H を意識させる。 ・調べた結果を随時ホワイトボードに書き出させる（ホワイトボードがない場合は、「どこでもシート」を用いる）。 ・学習者の意見に耳を傾け、まずは受け止めること（承認）。 ・この段階では、縦に深掘りしていくのではなく、横に広げることを意識する。
2. キーとなる情報の選択	・テーマに関連するキーワードがすべて挙がっているかを確認する。挙がっていない場合は、「こういうところも調べてみた?」と学習者に問いかけ、追加のキーワードやキーとなる情報の検索を促す（上記の事前準備にて作成したリストを常時携帯し、適宜それを確認すると良い）。 ・課題検証に必要となる情報の収集を終えたのち、キーとなる情報を項目ごとにまとめて整理するよう促す。 ・キーとなる情報がイデオロギーに関わる時には、右寄り、左寄り、中立等、さまざまな文献をリストアップできているかを確認する。 ・文献が偏っている場合は「この系統のグループ多いね。もう少し違うグループも見てみたらどうかな」と視野を広げさせる。

ステージ	ポイント・留意点
3. 個別の情報の収集と分析	・まずは一人につき3-5冊程を目安に文献を収集するよう伝え、検索のサポートをする。 ・それぞれ目当ての文献が収集できた段階で、グループメンバー全員で集まり、収集した文献を共有する（グループ内の情報共有、進捗確認はこまめに行うこと）。 ・収集・分析過程では、学習者に多くの問いかけを行う。 ・学習者が根拠なしに議論している場合、「え、そうなの?」「それって本当?」「どこで見つけたの?」と声をかける。そうすると、学習者は根拠となる文献を自ら探しに行く（学習者の主体性を重視すること）。 ・同じ系統の文献ばかりに注意が偏らないように気をつけさせる。 ・多くの文献に当たることになるが、重要な部分については、付箋をつけたり、メモを取ったりするよう促す。いざプレゼンテーションを作成する時になって出典がわからず困るのを防止するためである。 ・分析においては、対立軸や論理性を確認しながら進める。 ・キーパーソンについて調べる時は、本人を取り巻く背景にも目を向けさせるよう問いを投げかける。 ・適宜テーマ（目的）を思い出させること。テーマや5アクション等は、ホワイトボードに書くなどして視覚化しておくと良い。 ・改善が必要な場合は、間違いを指摘するのではなく、「んーなんとなくわからないなぁ……」とロジックに対してコメントをする。 ・インターネットを利用する場合、ブラウザ上にたくさんのタブを開かないように指示を出す。たくさんのタブを開いたまま作業を続けると、インターネットが落ち、これまでの作業が無駄になることがある。
4. 個別の結果の統合	・これまで分析してきた情報を時系列に並べて整理するよう促す。そうすることで、各事象の発生順が明確になり、事象間の因果関係を見つけやすくなる。 ・当事国ごとに分類して情報を整理するよう促すと、関係者間の利害関係の把握が容易になる。
5. 最終判断に向けての考察	・以下の点を学習者と共に確認する。 ◇根拠となる文献に偏りはないか。 ◇背景や利害関係の把握は十分にできているか。 ◇最終結論の論理性や妥当性はどうか。 ◇三角検証を行っても結論に揺るぎはないか。 ・答えを提示してはならないが、必要に応じて助け舟を出す。

ステージ	ポイント・留意点
プレゼンテーションの作成	・以下の点に留意しながら、サポートする。 ◇出典が明示されているか。 ◇「自分の意見」と「文献の情報」をきちんと区別し提示できているか。 ◇自分たちの取り組みのプロセスを具体的にわかりやすく述べているか。 ◇論理展開に飛躍はないか。筋が通ったものになっているか。 ◇「情報分析の５つのアクション」が、視聴者にわかりやすい内容になっているか。 ◇自分たちの判断（結論）は明確か。 etc.
プレゼンテーション	・発表時間を守らせること。 ・そのためのリハーサルを必ずやらせること。
プログラム終了後	・関係者で反省会を実施し、振り返りを行う。

ホワイトボードに５アクションを記して個別の情報の分析を行う生徒たち

第7章

知識基盤社会における Information Analysis 5&5の価値

闗谷武司

1　ついにきた「知の革命」

(1)　知識崇拝主義の終焉

1975年、兵庫県の高校受験で「思考力テスト」なるものを受けた。何やらだらだら続く文章の中で、数学や理科や社会など、いろんな教科の問題が無理やり関連づけられて出題されていたことを覚えている。

長くは続かなかった出題形式だったように思うが、これは「知識」偏重を改め、「考える力」を問うという為政者側の態度表明であったのだろう。

確かに、大切なことは「知識」じゃないと、随分前から言われ続けてきた。「考える力」が重要なのだと。しかし、社会は結局のところ「知識」を、その「量」を重要視し続けてきた。テストで「知識」の「量」を測るしか、多くの人間を一斉にふるいにかける簡便な方法がなかったからか。

偏差値なるものの高い者が有名校に進学し、給料の高いハイステータスな職業に就く。私たちの国でも世界でも、そういう人たちが賢い人たちと尊敬されてきた。だから、ほとんどの親は子どもの幸福を願って「勉強しなさい！」とハッパをかけてきた。「勝ち組」「負け組」という呼ばれ方まで出現し、幸せになるために「知識」を追い求めてきたのだ。

だから、「知識」じゃない、「考える力」が重要なんだと説いてきた先生はいつの時代も狼少年のようなものだった。

しかし、ついに、「知識」神話が崩壊せざるを得ない時が来た。

「知識」の大家とも見なされてきた大学教授でも、単なる「知識」比べなら、スマートフォンを持った大学生グループに勝てない時代がやってきた。眉毛がポロリと落ちるほど勉強し、膨大な知識量を自分の脳に記憶し続けてきた教授は、人類知の集積体であるインターネット社会をスマートフォンというデバイスで利用する学生に敗北する（もちろん、教授が学生に全面的に敗北するというわけではないが）。

これは知的動物としての人類にとって革命とも言えるだろう。

「知識」というものに権威づけられたあらゆる存在の意義が問い直される。

「知識」の「量」が重要であった時代は極めて長かった。それは、ほとんど人類史と同じだけの長さを持ってきた。

人類は「知識」を効率よく脳にインプットするために、近代に入ってからは学校という教育システムを開始する。今生きている誰もが、そこで好きでもない勉強をさせられ、深夜まで眠い目を擦りながらテスト対策に苦しんできた。

それが、今や、スマートフォンで検索すれば、大抵のことは簡単にわかる。なぜ、スマートフォンを取り上げて、覚えている答えを答案に書かせるのか。

ちょっとませた中学生にそう迫られたら、説得力をもって彼らを唸らせる答えを与えられる教師はいるだろうか。

(2) グローバル化

どうしてこんな革命が起こり得たのか。

人は太古の昔から移動を続け、長い長い時を経て地球上の隅々にまで住みつくようになった。そして、15 世紀頃から航海術の進歩と共に、大航海時代へと突入した。風と海流頼りの航海だが、一人の人生の長さで世界中を旅することが可能となった。

1900年代に入り、人類は飛行機を発明する。[1] 残念ながらその実用は戦争において為されるのであるが、早くも1924年には、アメリカ陸軍チームにより世界一周が達成された。175日を要したそうだが、人類史から見れば記録的な短縮である。この後の旅客機の大型化は、人類にとってほぼ無限であった地球を小さな惑星に変えてしまった。

ミレニアムを超えて21年。世界は国と国との関係を重要視する「国際」化から、視点を地球規模に移した「グローバル」化の真っ只中にある。ヒト、モノ、カネ、システム、情報が国境を越えて行き交う時代となりつつある。

そんな中、2020年に入るや否や猛威をふるった新型コロナウイルスが人の移動に急ブレーキをかけた。

世界中が同時に鎖国状態に入るのは、人類史上初ではないか。

しかし、それでも「情報」だけは止められなかった。

日常生活をwithコロナで送るにあたり、これまでも急速に広まってきていたインターネット社会の真価がくっきりと、その存在感を現すことになった。

(3) インターネットの威力

インターネットの始まりは、1960年代後半、アメリカの国防総省の支援を得て、アメリカの大学間情報ネットワークとしてスタートした。[2] その非営利での発展から商用化されるに至り、1990年代後半には個人や団体が作成するウェブサイトや掲示板など、数多くのサイトが運営されるようになる。時間の経過と共に、通信速度が飛躍的に向上し、インターネッ

1　「飛行機の歴史」に関する情報は、「新千歳空港デジタル航空博物館 飛行機今昔物語」を参照した。

http://www.new-chitose-airport.jp/ja/spend/enjoy/airplane/digital_museum/konjaku.html（最終閲覧日：2020年12月6日）

2　「インターネットの登場・普及とコミュニケーション」に関する情報は、総務省発行の情報通信白書「第1部 特集 進化するデジタル経済とその先にあるSociety 5.0」を参照した。

https://www.soumu.go.jp/johotsusintokei/whitepaper/ja/r01/html/nd111120.html（最終閲覧日：2020年12月6日）

トサービスを扱う事業者が常時接続や定額料金制度を導入する。情報が双方向でやりとりされるブログやSNSなども登場してくる。そして、2000年代後半からは、動画共有サービスも導入され、既存の大手メディアに匹敵する情報ソースへと成長したインターネット社会が世界中を網羅した。

こうなると、単なる情報取得や交換だけでなく、現実の距離を超越した新たな生活ツールとして機能する。お買い物から各種サービスの予約、銀行取引まで、「ネットは便利」から「ネットがないと、仕事も勉強も、生活もできん」となってきた。

あらゆる「情報」が、現実の世界ではないインターネットという世界の中に蓄積され、もはやインターネットにつなげるパソコンなどのデバイスに「情報」を保存しておくことも必要なくなってくる。クラウドサービスという概念を理解するのに苦労した年配の方も多かったのではないだろうか。手軽なスマートフォンでインターネットにアクセスし、ほしい情報はどこでも何でも手に入る。

インターネットの世界には、何十億という人間や組織がつながり、おもしろい映像から、お得なサービス、テストの答えまで提供されている。

これまで重要であり続けた「知識」も「情報」として、個人の能力的限界を超えて、膨大に生み出され、インターネット上に蓄積され続ける。そうなると、もはや「知識」という「情報」を追うのではなく、それをどう使うかが問題になってくる。

繰り返し繰り返し紙に書き込んだりして、自分の脳に覚え込ませる必要はどこにあるのか。

受験産業や大学が今でも「知識」の「量」をテストし、その結果である偏差値を追っかけて、子どもを選別しているのはバカげている。

このインターネットがもたらす人間生活の変容を、世界レベルで強制的に課したのが先に述べた新型コロナウイルスだ。

ICTの導入が遅れ、労働生産性が上がらないままの日本はコロナに横っ面をビンタされたようなものだ。

2020年4月から遠隔授業を強いられた我々大学教員も、大学のオンライン教学支援システムがわからないとか、同時双方向ビデオ会議システムが使えないなどという泣き言、「私はアナログ人間だ」なんて個人の主義主張も一切関係なく、Just do it!!!

見事なまでに、仕事も生活もICT化されてしまった（もちろん、ハードの環境はまだまだ万全ではないが)。

これが、人類が「知の革命」を迎える背景だった。

インターネットを作ろうと考えた人は、世界がこうなると予想してこの通信環境世界を生み出したのだろうか。

(4) 知識基盤社会

ここに至り、社会の仕組み自体が大きく変わり、価値観までもが根本的に見直されることになる。

「情報」はインターネットにあるのだから、「所有」しなくても「利用」すればいい。そうすると、「知識」の価値は無力化するのか。

そうではなく、必要な「知識」という「情報」を手に入れ、それをいかに用いて生活活動を便利に豊かに有効に高めるのか。つまり、「知識」という「情報」を取捨選択して、どう使うかの新たな「知識」が重要だと言われ始めた。日本ではそれを「知恵」と呼び、世界ではそれを「スキル」と呼んだりする。

このような、あらゆる活動が「知識」や「情報」を基盤として動いていく社会、それは「知識基盤社会」と呼ばれるようになる。日本でも、2005年に中央教育審議会答申「我が国の高等教育の将来像」で、「21世紀は『知識基盤社会』（Knowledge-based society）の時代であると言われている」と記述している。[3]

しかし、この「知識」が社会の基盤となることを、インターネットの出現よりも先に見通していた研究者たちがいた。

その中の一人で、オーストリアに生まれた経営学者、ピーター・ドラッカーは『断絶の時代――来るべき知識社会の構造』（1969）で、知識と社

3　文部科学省，2005年1月28日更新，https://www.mext.go.jp/b_menu/shingi/chukyo/chukyo0/toushin/05013101.htm（最終閲覧日：2020年12月6日）

会の関係性を論じ、「知識社会」を予見している。岩崎夏海氏の小説『もし高校野球の女子マネージャーがドラッカーの『マネジメント』を読んだら』(2009) のドラッカーとはこの人のことで、まだ、情報化社会の影すら見えなかった時代なのに、すでに継続的な生涯学習が必要だと指摘していた。

(5) キー・コンピテンシー

経済協力開発機構 (Organisation for Economic Co-operation and Development:OECD) は、1997年から2003年にかけて「コンピテンシーの定義と選択」(Definition and Selection of Competencies : DeSeCo) プロジェクトを実施し、国際的に共通する現代人の主要な能力を定義した。

「コンピテンシー」とは、1960年代頃から、経営・人材管理の分野で高い業績を上げる人の特性として使われるようになった言葉だ。それが近年教育分野でも頻繁に見られるようになった。

しかし、一時期もてはやされた「リテラシー」と何が違うのか。

リテラシーには、もともとの「読み書きをする能力」から発展して、「情報を収集し、それらを活用する能力」や「知識や収集した情報などから応用する能力」まで含まれる。「情報リテラシー」や「メディアリテラシー」のように、他の言葉とあわせて使われることも多い。

両者はとても似たことを言っているようだが、コンピテンシーが取り上げられるようになったのは、学校での勉強 (読み書きをする能力) が、社会での実践力 (高い業績を上げる特性) と必ずしもイコールではないと考えられるようになったからだ。

さて、DeSeCo プロジェクトでは、多くの国の認知科学や評価の専門家、教育関係者を巻き込んで、「知識基盤社会」の時代を担う子どもたちに必要な能力として、「主要能力 (キー・コンピテンシー)」を、次の3つのカテゴリーに区分される9つの能力で構成されるとしている (ライチェン & サルガニク 2006)。

1) 相互作用的に道具を用いる (A. 言語、シンボル、テキスト/B. 知識や情報/C. 技術)

2）異質な集団で交流する（A. 他者と良好な関係をつくる／B. 協働する／C. 争いを処理し、解決する）
3）自律的に活動する（A. 大きな展望の中で活動する／B. 人生計画や個人的プロジェクトを設計し実行する／C. 自らの権利、利害、限界やニーズを表明する）

ユニークなのは、この３つのカテゴリーのベースに「思慮深さ」を位置づけているところで、物事を多角的な視点で捉えることを重視している。

(6) Education 2030

さらに、OECDは急速な社会の変化に合わせてDeSeCoでのキー・コンピテンシーを再定義するプロジェクトを2015年に開始した。それが「Education 2030」である。

Education 2030は、予測不可能な時代を迎えるにあたり、2030年を目途に、知識・スキル・人間性をどのように育むことを目指すのかを検討するもので、学習者が身につけるべきコンピテンシーを「知識」「スキル」「態度・価値」の３つの枠組みで捉えている。

2018年２月にまとめられた概要によれば、「新たな価値を創造する力」「対立やジレンマを克服する力」「責任ある行動をとる力」の３つの力の育成が必要と再定義されている（OECD 2018）。

日本の文部科学省は、2015年のプロジェクト開始当初から参加し、国際的なコンピテンシーの枠組み設計やカリキュラムに関する議論に積極的に貢献してきた。このプロジェクトにおける議論や研究の成果は、学習指導要領改訂の議論において参照されるものである。

(7) 日本ではSociety 5.0

他方、日本では、狩猟社会（Society 1.0）、農耕社会（Society 2.0）、工業社会（Society 3.0）、情報社会（Society 4.0）に続く、新たな社会を指すもので、第５期科学技術基本計画において我が国が目指すべき未来社会の姿として、初めてSociety 5.0を提唱した。[4]

総務省はSociety 5.0を「サイバー空間（仮想空間）とフィジカル空間（現実空間）を高度に融合させたシステムにより、経済発展と社会的課題の解決を両立する、人間中心の社会（Society）」と定義している。

どういう社会なのかピンとこないが、例えば、現在までのSociety 4.0では年齢や障害などによる労働や行動の制約、少子高齢化や地方の過疎化などの課題に十分に対応することができなかった。これに対し、Society 5.0が実装された社会では、IoT（Internet of Things）ですべての人とモノがつながったり、人工知能（AI）の活用により、ロボットや自動走行車などの技術で、少子高齢化、地方の過疎化、貧富の格差などの課題が克服されると謳われている。

(8) 言語の壁が消失する⁉

もう少し高校生や大学生に身近な例で考えてみよう。

日本人は、長い間小さな島国の中で世界から隔離されるように過ごしてきた。そのことで、政治学者サミュエル・P・ハンティントンが1996年に著した国際政治学の著作『The clash of civilizations and the remaking of world order』（訳：『文明の衝突』）で述べたように、世界で唯一の一国一文明の国を造り上げることとなった。

世界に二つとないユニークな国だと考えればいい。しかし、それゆえに、これまでは言語の障壁も高く、国際社会で貿易を主として富を築くのに、コミュニケーションに随分と苦労してきた。

ところが、2014年あたりから翻訳のコンピューターソフトやアプリが飛躍的に改善された。ディープラーニングするAIが投入されたからだと言われている。かつて、ほとんど使い物にならなかったのが、今では国内トップ大学文系学生でも太刀打ちできないレベルになったのではないだろうか。実際、私も論文を英文学術雑誌に投稿する時には、ドラフト版の英

4　内閣府，https://www8.cao.go.jp/cstp/society5_0/index.html（最終閲覧日：2020年12月6日）

訳として利用することがある。もちろん、専門用語など、手を入れる箇所はいくつもあるが、自分で英訳するよりも格段に時間とエネルギーを節約できる。

これらの翻訳ソフトやアプリは、まだまだ進化するのは間違いない。

おそらくは、チェスや囲碁の世界チャンピオンがAIに勝てなくなったのと同様、世界最高の同時通訳者がAIに凌駕されるのもそう遠くないのかもしれない。

こういうものを組み込んだ翻訳端末が安価で出回るようになり、実際、学生が海外旅行に行く時には、これらの端末かスマートフォンのアプリで事済んでいるそうだ。

スマートフォンによって世界100カ国語同時通訳を使いこなす日はすぐ目の前に迫っているのだろう。

そうなってくると、Society 5.0では言語フリーの日常が開けることになり、私たちの国日本が最大の恩恵に預かることになるだろう。

英語の先生は大変だ。

明日から生徒は勉強をやめるかもしれない。

2　教育再考

(1) 何を勉強しろというのか

本当に英語を勉強する必要はなくなるのだろうか。

言語の専門家は、それでも英語を習得する必要があるのだとあれこれ力説している。機械を通じた会話では人と人の気持ちは通じ合いにくいとか。

確かに、実際の国際社会で活躍する日本人、すなわち商社の最先端ビジネスマンや外交官、国際協力のプロなどになるなら、機械に頼るのではなく実力を磨くべきだろう。かつて、国際開発コンサルタントとしてその世界にいた者としてもそう思う。

しかし、この論点はTOEICで言えば、ほぼ満点を取れる人の話なのではないのだろうか。

一体、日本国民の何パーセントがその類の職に就く人なのか。

おそらく1%未満の人しか必要としない教育内容をいつまで必修としてやり続けるべきなんだろうか。

大学の国際系学部で必修にしている語学関係科目は、第一外国語と第二外国語をあわせてどれくらい組まれているのか。卒業条件124単位のうち少なくとも5分の1くらいは占めているのではないか。

事は、AIが同時翻訳するので一切の語学教育は要らなくなるという短絡的な話ではないだろう。おそらくは、AI翻訳機を使いこなすことで、より次元の高い、幅の広い言語活用を行うにはどういう語学教育をどういった時期から始めるべきかという、根本からの見直しが必要になるのだろう。

例えば、電子卓上計算機（電卓）が世に出現した時、「これで計算する必要はもうない。小学校で繰り返しのドリル計算も卒業だな」と思った。しかし、多くのそろばん塾は姿を消したが、人間が四則計算やその応用の算術法を学ばないなんてことにはならなかった。電卓がどういう作業をやっているのかの理屈はきちんと押さえておかなければ、実生活の場面で使えない。

門外漢の自分だが、語学においても同様なのではないかと感じる。

「なんか知らんけど、喋ったら英語にもなるし、中国語にもなる」じゃなくて、人間が使う言語には典型的な文法法則があるとか、語彙の形成にはいくつかのパターンがあるとか。そういう言語の基礎基本を学んだ上で、自分がビジネスとかで使いたい言語の基礎文法くらいは学ばないと、AI翻訳機を有効に活用できるようにはならないだろう。

外国語一つとってみても、こういう状況である。

AIの存在が当たり前のSociety 5.0の社会では、人間が学ぶべき内容とその方法に強烈な変革をもたらすことになるに違いない。

最もドラスティックに、根本的見直しを迫られるのは間違いなく高等教育だろう。

(2) 大学教育を考えるもう一つ重要な視点

「知識基盤社会における高等教育（研究）システムの新たな展開――先端研の試みを例として」と題して、東京大学の澤昭裕氏が単刀直入に報告している。

「実は産業界が必要とする人材は、『地頭（ぢあたま）』がいい人材、すなわち基本的な知的能力が優れている人材です。地頭が不足している人が、特殊な専門知識教育を受けても、活用力や応用力に欠ける。学生の地頭を作ること、これこそ大学の本当の使命だと思います」（広島大学高等教育研究開発センター 2008, p.5）

「大学は学問をするところであって、会社の予備校じゃない」という怒りの反論が聞こえてきそうだが、大学進学率が高校卒業者の 50％を超えるユニバーサル時代にあっては、もはや時代錯誤の考え方と言われても仕方がない。

「教養教育を教える教員は、それぞれ自分のディシプリンに関する知識を教えているだけなのであって、学生の地頭を総合的にどう開発していくかということには、直接つながっていない」（同上 , P.5）

まさに指摘の通りで、大学教員の採用においては、未だに研究業績の評価が重要視される傾向は続き、就職口のないオーバードクターにこんなことを考える余裕はない。採用されたとて、単年契約で雇われるのが一般的で、次の職につなぐためにも、研究第一にならざるを得ない。

実際のところ、OECD の調査団に「日本の大学はレジャーランド」と 1970 年に揶揄されて 50 年。実社会のニーズと大学が養成する人材の姿の乖離は大きい。

文系学部を中心として、大学は「人生の夏休み」だ、「モラトリアム」だと言い、アルバイトやサークル活動に精を出す学生が多い。就職活動で、「大学時代で最も大きな学びは？」と尋ねられて、「バイトです」と臆面もなく答えている。

そんな大学を信じない企業や公機関は、グローバルに競争する中、本来は即戦力の人材が必要なのに、他国なら大学で行っている人材育成カリキュラムやリメディアル教育を多大な経費と時間を費やして実施している（産労総合研究所 2020）。

しかし、ICT への設備投資が遅れ、労働生産性は先進国中最下位。「失われた 20 年」が 30 年になろうとする我が国にあって、このような状況に甘んじている場合ではない。

(3) 求められるのは具体的な提言

残念ながら、Education 2030 にしても、計画通りに事が進捗したわけではなさそうだ。

21 世紀型能力（コンピテンシー）の設定とその教授法の開発をミッションとする「OECD 東北スクール」プロジェクトが、2012 年から岩手、宮城、福島の 3 県から 80 名の中高生を集めて行われた。プロジェクトに関わった教員からは、「言っていることはわかるが、学校の現状では受け入れるのは難しい」などのコメントが出されていた。[5]

求められる能力は、指数関数的に次元が上がる科学技術とそれに支えられる社会に応じて検討されるべきだが、現場とのギャップは大きく、いかに適用できるのかについて戸惑いの声が上がるのは当然であろう。

総合学習の時間が導入された時も、現場の教員はどうしていいか思案に暮れ、遅れた主要教科の補習時間に使われるなど、上手くいかなかった事例は枚挙にいとまがなかった。

(4) どういう教育方法が必要なのか

既出の澤氏は、「カリキュラム改革も大事ですが、教える内容だけに議論を集中させずに、方法論や効果の測定にも配慮した教育改革を期待しています」と方法論についても問題を提起している（広島大学高等教育研究開発センター 2008, p.13）。

2012 年の中央教育審議会答申「新たな未来を築くための大学教育の質

5　三浦治喜，「OECD 東北スクール③」2018 年 10 月更新，https://www.nichibun-g.co.jp/data/web-magazine/manabito/pbl/pbl007/（最終閲覧日：2020 年 12 月 6 日）

的転換に向けて――生涯学び続け、主体的に考える力を育成する大学へ」において、アクティブ・ラーニングが脚光を浴び、多くの大学で取り入れられつつある。[6] また、2014 年の文部科学大臣諮問（初等中等教育における教育課程諮問）[7] および中央教育審議会答申（高大接続改革答申）[8] によっても、日本の教育はアクティブ・ラーニングへと大きく舵を切ることになった。

アクティブ・ラーニングとは、学習する者の能動的な参加を組み込んだ教授学習法のことを指し、教員からの一方的な講義に受動的に参加する授業とは異なる。それは、学習者自らが学びの主体者となることで、深い理解を促進するものである。発見学習、問題解決学習、体験学習、調査学習、課題研究、プロジェクトベース学習、職業体験、反転学習など、さまざまな取り組みが挙げられる（小山・峯下・鈴木 2016）。

しかしながら、これらの提言は理想的ではあるが、アクティブ・ラーニングを準備するのは時間と手間がかかり経費も嵩む。多忙を極める初等中等教育の教員への負荷は小さくない。大学教員の場合は、指導法を体系的に学ぶシステムも免許制度もなく、文部科学省からの補助金獲得のための条件に従った形ばかりのファカルティ・ディベロップメントがどの程度の効果があるのか。本当にこのような学びが実現可能であるかはさらなる議論を要する。

榎本博明氏は『教育現場は困ってる――薄っぺらな大人をつくる実学志向』（2020）で、能動的・主体的かつ深い学びに向けて、グループ学習や

6　中央教育審議会,「新たな未来を築くための大学教育の質転換に向けて――生涯学び続け、主体的に考える力を育成する大学へ（答申）」, 2014 年 8 月 28 日更　新, https://www.mext.go.jp/component/b_menu/shingi/toushin/__icsFiles/afieldfile/2012/10/04/1325048_1.pdf（最終閲覧日：2020 年 12 月 6 日）

7　中央教育審議会,「初等中等教育における教育課程の基準等の在り方について（諮問）」, 2014 年 11 月 20 日更新, https://www.mext.go.jp/b_menu/shingi/chukyo/chukyo0/toushin/1353440.htm（最終閲覧日：2020 年 12 月 6 日）

8　中央教育審議会「新しい時代にふさわしい高大接続の実現に向けた高等学校教育、大学教育、大学入学者選抜の一体的改革について（答申）」, 2014 年 12 月 22 日更新, https://www.mext.go.jp/b_menu/shingi/chukyo/chukyo0/toushin/1354191.htm（最終閲覧日：2020 年 12 月 6 日）

プレゼンテーションを組み込んだ授業運営について、現場に根差した見解を述べている。

「例えばプレゼンテーションのスキルばかりを鍛えても、物事を深く理解し、考える力、想像力を飛翔させる力が鍛えられていなければ、良い仕事ができるとは思えない」（榎本 2020, p.62）

「教育現場では『教えないで考えさせる』といった奇妙なことが行われている」（同上, p.66）

「子どもも大学生も、何の知識もなく考えるように言われても、十分に考えることはできない」（同上, p.66）

「アクティブ・ラーニングの広まりによって、学力の低下が懸念される事態が生じ、『活動あって学びなし』といった批判が出たり、学習意欲の高い学生が不満を持ったりしている」と、手厳しいコメントが続く。（同上, p.75）

実際に、大学で反転学習を取り入れてみて、榎本氏のこのような指摘は的を射ていると言わざるを得ない。アクティブ・ラーニングは、実は通常の講義授業より教員の力量が問われ、少しでも手を抜くと、学生から上がってくるプレゼンテーションやディスカッションはレベルの低いものに成り下がってしまう。授業評価による、授業目標の達成度や理解度、満足度にダイレクトに跳ね返ってくる。

教育内容だけではなく、教育方法においても、そのあるべき姿を論じることは重要であるが、それが実現可能な方法まで突き詰めて作り上げず、現場の教員一人ひとりの創意工夫に任せるべきだという聞こえの良い放任は無責任と言えるかもしれない。

(5) 本質的でシステマティック

この本で解説してきたInformation Analysis 5&5（以下、IA5&5）は、知識基盤社会において、情報を収集し、分析し、自らの判断を下す高次の思考力を養成する、効果の確認された学習方法である。

具体的な実施方法をシステマティックに示す。そして、それが実際に教育現場で適用可能なシンプルなものであること、それが重要なポイントであろう。

これを大学入学前後に知識基盤社会に生きるグローバル人材の教養として習得することを強く勧めたい。

そのことで、国際社会の議論で貝になる日本人をなくすことに貢献できるだろう。

相手を言い負かして勝ちを得るというディベートをグローバル教育のカリキュラムに据えている教育機関があるが、それとIA5&5は似て非なるものである。

IA5&5は、濁流のような「情報」の中にあって、自ら求める真実に到達する手法である。議論に勝つことや、ビジネスのプレゼンテーション技術を競うのと、真実を見極めるのは次元の違うことである。

どういう日本人を育てたいと思っているのか。

欧米のやり方がベストとは限らない。

日本発のグローバル人材とはいかにあるべきなのか。

教育機関が真剣に考えるべきポイントである。

3　最後に、もう一度、「いかなる教育」が必要なのか

「なぜ生きるのか」「いかに生きるのか」

多様性を否定する気など毛頭ないが、これまでの人類史という「時間軸」と、世界の現状という「水平軸」から考えることで、何でもありではなく、収斂されていく方向性が見えるのではないか。

地球という惑星は、我々人類にとってはもはや無限の空間ではない。

その中にあって、私たちは何を学ぶべきなのか。

人は自ら学び取ったものしか身につかないし、自ら納得したことしかやろうとしない。

だから与えるだけの教育は効果が薄く、学習者の行動を導くことは稀でしかない。

必要なのは「探究」と「体感」。

我々教育に関わる者の為すべきことは、学習者に「問う」ことと共に「体

感」すること。

IA5&5は、調べ学習じゃない。

ディベートじゃない。

真実を見つけるための「情報」の分析。

そのプロセスで、「情報」の収集力、分析力、判断力が鍛えられる。

完全反転学習による、探究する大学の学び方革命である。

これからの知識基盤社会における、必須の学習技法として、学んでいただけることを願ってやまない。

〈参考文献一覧〉

岩崎夏海, 2009,『もし高校野球の女子マネージャーがドラッカーの『マネジメント』を読んだら」ダイヤモンド社.

榎本博明, 2020『教育現場は困ってる――薄っぺらな大人をつくる実学志向』平凡社新書.

小山英樹・峯下隆志・鈴木建生, 2016,『この一冊でわかる!アクティブラーニング』PHP研究所.

澤昭裕, 2008,「知識基盤社会における高等教育（研究）システムの新たな展開――先端研の試みを例として」広島大学高等教育研究開発センター編,『知識基盤社会における高等教育システムの新たな展開――第35回（2007年度）研究員集会の記録』広島大学高等教育研究開発センター.

産労総合研究所, 2020,『企業と人材――教育研修費用の実態』産労総合研究所.

ドミニク・S. ライチェン, ローラ・H. サルガニク編, 2006,『キー・コンピテンシー――国際標準の学力をめざして』立田慶裕監訳, 今西幸蔵・岩崎久美子・猿田祐嗣・名取一好・野村和・平沢安政訳, 明石書店.

ピーター・F・ドラッカー, 1969,『断絶の時代――来るべき知識社会の構造』林雄二郎訳, ダイヤモンド社.

OECD (2018). *The future of education and skills education 2030, OECD.*

Huntington, S. P. (1996). *The clash of civilizations and the remaking of world order*, Simon & Schuster.

おわりに代えて
編者の嘆き

關 谷 武 司

地球上の人間総出でインターネット空間に知の集積体を作り上げ、検索することで自由に知を手にすることができるようになった。

その集積体が膨らむ速度がどのくらいすごいか。

「グーグルの検索ページは30兆を超え、しかもそれが瞬間瞬間、更新・追加され続けています。例えばYouTubeにアップされる動画は1分間で約100時間分、Facebookの投稿は1分間で70万件、Instagramの写真は1分間に51万回『いいね！』を獲得します。世界中で1日に作られているデジタルデータを合算すると250京バイト。DVD-Rに換算して、2時間強の映画約5億本分に相当するそうです」（小山・峯下・鈴木 2016, p.204-205）

ちょっと想像できないような天文学的数値なのでよくわからないが、もしかすると、有史以来、世界中の国の図書館が蓄えている情報量をすでに超えているのではないのだろうか。ためになる情報か否かは別として。

人類は科学技術を飛躍的に進歩させてきた。

しかし、こんなに賢いはずである生物なのに、世界の貧富の格差は拡大の一途をたどり、未だに領土争いをし、軍備拡張を競い合っている。

この愚かさは一体どういうことなのか。

「いかに生きるべきなのか」

この問いは紀元前古代ギリシャの頃から問われ続けてきた。

しかし、この点において、人類は一歩も進歩をしていないのではないか。

日本の社会を眺めても、世界に目を移しても……。

人類の外界へ及ぼす「力」の進歩と自分を制御する内的進歩。この乖離はいかに。

「力」だけは強くなるが、それを使う主体が愚かなままでは、世界が危なくて仕方ないのは理の当然。

もう一つの学ぶべき側面がある。

人類は、これまでこの内的進歩を「哲学」と「宗教」に求めてきたのだろうが、世界史を見る限り、いずれも成功してきたとは言い難いのではないか。

Society 5.0 が実装される 21 世紀は、「いかに生きるか」を問う「教育」の時代。

大学世界ランキング上位校であろうと、そこで授けるのは知識と技術という「力」、そしてその証明である証書だけ。

ゆえに、人類の知的な賢さと人格は比例しない。

阿曽沼明裕氏によれば、「知識基盤社会のベースには、知識基盤経済（knowledge-driven economy あるいは knowledge-based economy）という考え方があるようだ」とある（2011, p.70）。

今また、経済を中心にキー・コンピテンシーを探り、それを育てようとしているならば、その根本の方向性に誤りはないのだろうか。

せめて、持続可能な開発目標（Sustainable Development Goals：SDGs）のような方向を目指したキー・コンピテンシーの模索であるべきではないのか。

OECD の定めるキー・コンピテンシーにも、「態度」のところに申しわけ程度に「正義」が入っているが、人類はわかり合うことを放棄しているように思えてならない。

世界最大の国家間機構である国際連合。その中で唯一武力行使もできる安全保障理事会では、拒否権を行使することで第三次世界大戦を避けてこれたと言われている。

このような後ろ向きの合意でしか人類は動けないのか。今や、小さくなった地球上での自己中心的な自国優先活動に飽き足らず、宇宙に場を広げて同じことをやろうとしているようにすら見える。

レイ・カーツワイル氏は、汎用型 AI が人類の能力を凌駕するシンギュラリティの到来は 2045 年と予測する（2016）。その前に、ルール作りが必要だと言われている。

ルールの制定には、その根本哲学が必要なのに……。

さて、これらの現実が来るまで、彼の予測が正しいとすれば、まだ24年はある。

それまでに、まずは、ブルームの言う「高次思考力」を身につけるために、広くこのInformation Analysis 5&5によって、探求する能力を磨いてもらえればと願っている。

〈参考文献一覧〉

阿曽沼明裕, 2011,「知識社会のインパクト」有本章編『変貌する世界の大学教授職』玉川大学出版部.

小山英樹・峯下隆志・鈴木建生, 2016,『この一冊でわかる！アクティブラーニング』PHP研究所.

レイ・カーツワイル, 2016『シンギュラリティは近い――人類が生命を超越するとき』NHK出版.

執筆者略歴

（執筆順）

關谷 武司（せきや たけし）———（編者の第一声・第5章・第7章・おわりに代えて）
関西学院大学国際学部教授

専門分野：教育社会学（教育開発）

広島大学教育学研究科博士課程修了　博士（学術）

JICA 派遣専門家として、技術協力プロジェクトの立案、運営、評価を実施。2005 年、教育開発コンサルタント会社「クリスタルインテリジェンス」代表取締役。2009 年 4 月より関西学院大学にて国際ボランティア担当。

栗本 嘉子（くりもと よしこ）————————————————（はじめに）
学校法人ノートルダム女学院学院長

専門分野：応用言語学

英国レディング大学（University of Reading）Department of Modern Languages and European Studies 博士課程修了　博士（文学）

京都大学、京都ノートルダム女子大学、神戸海星女学院大学非常勤講師、オクスフォード・ブルックス大学客員講師、聖母女学院短期大学准教授を経て、2008 年 4 月より母校中高へ。2012 年 4 月学校長就任。2020 年 4 月より学校法人学院長就任。学校長兼任。

中村 良平（なかむら りょうへい）————————————————（第 1 章）
ノートルダム女学院中学高等学校教頭

専門分野：言語学

京都大学大学院文学研究科修士課程修了

日本ユニシス株式会社勤務（システムエンジニア）を経て、2007 年よりノートルダム女学院中学高等学校教諭（英語科・情報科）。グローバル英語コース長、21 世紀教育開発推進室長を経て、2020 年 4 月より同校教頭。

髙田 裕彦（たかた ひろひこ）————————————————（第 2 章）
関西学院大学国際教育・協力センター教授

専門分野：国際協力

同志社大学大学院文学研究科修士課程修了

JICA 職員（1986 年入構）として、インドネシア、フィリピン、東ティモールなどで開発協力事業の形成、運営・管理に従事。2016 年ウズベキスタン日本センター共同所長。2019 年 9 月より関西学院大学にて国際ボランティア担当。

吉田 夏帆（よしだ なつほ）————————————————（第 3 章・第 4 章）
高崎経済大学地域政策学部特命助教

専門分野：教育社会学、国際教育開発、地域研究

関西学院大学大学院国際学研究科博士課程後期課程修了　博士（国際学）

日本学術振興会特別研究員 DC1、ヤンゴン教育大学研究院生、関西学院大学大学院国際学研究科研究員を経て、2020 年 10 月より高崎経済大学にて主に初年次教育を担当。

江嵜 那留穂（えざき なるほ）――――――――――――――――（第4章・第6章）
愛知淑徳大学交流文化学部講師

専門分野：国際教育開発、教育社会学

関西学院大学大学院国際学研究科博士課程後期課程修了　博士（国際学）
日本学術振興会特別研究員 DC1、関西学院大学国際教育・協力センター助教を経て、2021年4月より現職。

安井 志保美（やすい しほみ）――――――――――――――――――（第4章）
鳴門教育大学大学院学校教育研究科修士課程

関西学院大学国際学部国際学科卒業　学士（国際学）
高校生向けの Information Analysis 5&5 集中演習形式にてアシスタントを合計3回務める。関西学院大学の国際ボランティアサークルである上ヶ原ハビタットに所属し、フィリピンにおける子どもたちの教育支援活動に取り組む。

山田 好一（やまだ よしかず）――――――――――――――――――――（第5章）
関西学院大学国際教育・協力センター教授

専門分野：国際協力

東京都立大学工学研究科修士課程修了、ペンシルバニア大学大学院都市計画修士課程修了
JICA 職員（1981年入構）として「環境管理」「防災」「平和構築と復興支援」「途上国の都市問題」にかかる案件に携わる。2013年4月より関西学院大学にて国際ボランティア担当。

推薦図書一覧

『私たちが勉強する意味 ――最高に楽しかったブラックゼミ』
桑原志帆・越仲舞・田中真央・西岡彩音, 2021, 関西学院大学出版会.
大学生が勉強する意義を350人以上の学生に対するアンケート調査を通して本気で議論。2年半に及ぶ探究活動の中で、自らの葛藤や成長を赤裸々に綴ったアカデミック版青春エッセイ。

『私たちはこう生きる』
書籍 de 学び舎プロジェクト, 2021, 国際協力アカデミー.
新型コロナウイルスが猛威を振るった2020年。大学は遠隔授業を余儀なくされ、キャンパスでの実践的な学びは制限された。そのような中、大学生たちが自分自身と徹底的に向き合い、「何のために大学に来たのか」「何を大切にすべきなのか」を追求した渾身の手書き本。

『天に愛される道理「百年の桜」直筆版 上・下巻』
伊都猛, 2020, 国際協力アカデミー.
学生との問答から生まれた短文の人生訓。教育学者・伊都猛が、「なぜ生きるか」「いかに生きるか」というメッセージを送る。全編手書きの和綴じ本。英訳版も近日出版予定。

『天に愛される教師　晴山貴水　第一巻 青嵐』
伊都猛, 2020, 国際協力アカデミー.
無垢な少年が型破りな教育者へと成長していく物語。ストーリーの根底には、教育学者・伊都猛の教育理念が敷き詰められた、全編手書きの和綴じ本。

『人生をかえるハッピースイッチ 〜ボランティアが私に教えてくれたこと〜』
SWITCH WA JAPAN, 2020, デザインエッグ社.
関西学院大学の卒業生たちは西日本豪雨災害時に、自分たちにできることはないかと、有給休暇を合わせて泥かきボランティアに参加。この行動が「スイッチ」となって、社会へ広がっていくことを願って、社会人としての彼女らの経験談をまとめた1冊。

『開発途上国で学ぶ子どもたち ――マクロ政策に資するミクロな修学実態分析』
關谷武司編, 2018, 関西学院大学出版会.
アジア、アフリカ、ラテンアメリカ地域に位置する10カ国を対象に、国際機関や多くの研究者が扱うマクロなデータでは把握しきれない新しい知見を、ミクロな修学実態をキーワードに調査研究し、その研究成果をまとめた学術書。

編者

鷵谷 武司（せきや たけし）
関西学院大学国際学部教授
専門分野：教育社会学（教育開発）

［主要著書・論文］

Sekiya, T. (2014). Individual patterns of enrolment in primary schools in the Republic of Honduras. *Education 3-13: International Journal of Primary, Elementary and Early Years Education, 42* (5), 460-474.

Sekiya, T., & Ashida, A. (2017). An Analysis of Primary School Dropout Patterns in Honduras. *Journal of Latinos and Education, 16* (1), 65-73.

鷵谷武司編，関西学院大学発行，2016,『世界へ挑む君たちへ　実践型グローバル人材教育論』関西学院大学出版会.

鷵谷武司編，2018,『開発途上国で学ぶ子どもたち――マクロ政策に資するミクロな修学実態分析』関西学院大学出版会.

インフォメーション・アナリシス 5&5
世界が変わる学びの革命

2021 年 4 月 15 日初版第一刷発行

編　者　鷵谷武司

発行者　田村和彦
発行所　関西学院大学出版会
所在地　〒 662-0891
　　　　兵庫県西宮市上ケ原一番町 1-155
電　話　0798-53-7002

印　刷　協和印刷株式会社

Printed in Japan by Kwansei Gakuin University Press
ISBN 978-4-86283-313-6